Charles   DUFRESNY

AMUSEMENS SERIEUX ET COMIQUES

Texte présenté

et annoté

par

John Dunkley

University of Exeter

1976

Textes Littéraires

Titres déjà parus:

I	Sedaine	:	*La Gageure imprévue,* édition critique par R. Niklaus.
II	Rotrou	:	*Hercule Mourant,* édition critique par D.A. Watts.
III	Chantelouve	:	*La Tragédie de feu Gaspard de Colligni,* introduction et notes par K.C. Cameron.
IV	Th. Corneille	:	*La Devineresse,* introduction et notes par P.J. Yarrow.
V	Pixerécourt	:	*Cœlina,* édition critique par N. Perry.
VI	Du Ryer	:	*Themistocle,* introduction et notes par P.E. Chaplin.
VII	Discret	:	*Alizon,* édition critique par J.D. Biard.
VIII	J. Moréas	:	*Les premières armes du symbolisme,* texte présenté et annoté par M. Pakenham.
IX	Charles d'Orléans	:	*Choix de poésies,* éditées par J.H. Fox.
X	Th. Banville	:	*Rondels,* texte présenté et annoté par M.R. Sorrell.
XI		:	*Le Mystère de Saint Christofle,* texte établi et présenté par G.A. Runnalls.
XII	Mercier	:	*Le Déserteur,* texte annoté et présenté par S. Davies.
XIII	Quinault	:	*La Comedie sans comedie,* édition critique par J.D. Biard.
XIV	H. d'Avost	:	*Essais sur les sonets du divin Petrarque,* texte présenté et annoté par K.C. Cameron et M.V. Constable.
XV	Gougenot	:	*La Comédie des Comédiens,* texte présenté et annoté par D. Shaw.
XVI		:	*Mantel et Cor, deux lais du XIIe siècle,* textes établis et présentés par P. Bennett.
XVII	Palissot de Montenoy	:	*Les Philosophes,* édition critique par T.J. Barling.
XVIII	Jacques de la Taille	:	*Alexandre,* introduction et notes par C.N. Smith.
XIX	Georges de Scudéry	:	*La Comédie des Comédiens,* texte présenté et annoté par J. Crow.
XX	Nicolas Horry	:	*Rabelais ressuscité,* texte présenté et annoté par N. Goodley.
XXI	J.L.N. Lemercier	:	*Pinto,* édition critique par N. Perry
XXII	Quillard et van Lerberghe	:	*Deux pièces symbolistes,* textes établis et présentés par J. Whistle.

© J. Dunkley

IBSN 0 85989 091 0

Printed by

Abbey Duplicating & Printing Services

Torquay, Devon for the

University of Exeter

November 1976

REMERCIEMENTS

Je tiens à remercier tous ceux qui m'ont aidé au cours de la préparation de cette édition. M. le Docteur M. Waddicor de l'Université d'Exeter m'a fourni un certain nombre de microfilms indispensables; M. le Professeur J. Laidlaw de l'Université d'Aberdeen m'a donné de très précieux conseils, et Mademoiselle Denise Sanchez a bien voulu lire mon Introduction et mes Notes; qu'ils trouvent ici l'expression de ma plus vive reconnaissance. Mes remerciements vont aussi à ma femme qui a passé bien du temps à lire mon manuscrit et m'a aidé à corriger les épreuves.

INTRODUCTION

Dufresny n'est pas un auteur bien connu. Rien de plus typique ni de plus exact en effet que la réflexion d'Antoine Adam: 'l'histoire littéraire ne saurait ignorer Baron, Dufresny, Fatouville, et les œuvres excellentes qu'ils ont données à la scène française. Mais elle a surtout retenu les noms de Regnard, de Dancourt et de Lesage'(1). Dufresny, lorsqu'il figure dans les histoires de la littérature, se trouve écrasé de toutes parts. C'est l'homme du grand siècle finissant; c'est un nom qui ne se rattache clairement ni à l'époque classique, ni à la Régence, et encore moins au siècle des lumières. Ce n'est trop souvent que cet auteur secondaire qui se brouilla avec Regnard à propos de son *Joueur*(2). C'est un homme de théâtre de deuxième ordre, un amuseur sans conséquence, oublié entre Dancourt et Destouches - et encore!

Pourtant le théâtre était la sphère principale de son activité. Si l'on peut estimer qu'il 'est loin d'occuper au théâtre et dans notre histoire littéraire la même place que Regnard'(3), que dire alors de ses autres écrits? On lui accorde volontiers le mérite d'avoir ramené à la vie un *Mercure* qui s'était sclérosé entre les mains de Donneau de Visé, tout en faisant remarquer pourtant que sa paresse habituelle l'empêchait de s'occuper longtemps de son travail de rédacteur en chef(4). Mais l'on réserve aux *Amusements,* son principal ouvrage en prose, le même sort qu'a subi son théâtre(5). Là, c'est l'imitateur enjoué du morose La Bruyère; ou c'est au mieux l'homme qui a entrevu l'intérêt d'offrir des réflexions sur la vie française venant d'un étranger pseudo-naïf - idée que Montesquieu allait plus brillamment utiliser dans ses *Lettres persanes.*

Quitte à discuter plus loin ces histoires de dettes et d'influences, avouons seulement ici que les jugements du public, qui a oublié jusqu'à son nom, et de la critique, qui ne voit en lui qu'un auteur secondaire, ne nous semblent pas injustifiés. On aurait du mal à nier que les comédies de Molière et de Regnard soient dans l'ensemble plus vives et plus amusantes que celles de Dufresny. Il faut reconnaître aussi que La Bruyère dans ses

---

[1] *Histoire de la littérature française au XVIIe siècle,* V, 289-290. (L'on trouvera dans notre bibliographie des précisions sur tous les ouvrages cités dans les notes de la présente édition.)

[2] Voir G. Jamati, *La Querelle du 'Joueur'.*

[3] Lenient, *La Comédie en France au XVIIIe siècle,* I, 83.

[4] Voir *Œuvres de Monsieur Rivière Du Fresny,* Avertissement, I, 23; et Jean Vic, 'Dufresny et Beaumarchais', p.123 et n.2.

[5] Notons cet emploi du mot *Amusements.* La justification humoristique de son titre par laquelle Dufresny commence son livre permet de supposer qu'il ait choisi à dessein un mot qui avait un double sens: 'Occupation qui sert à passer le temps; tout ce qui occupe ou qui distrait quelcun; galanterie, badinage', et aussi: 'une espece de tromperie, pour gagner du temps en faisant de belles promesses, et en donnant de fausses esperances pour éblouir les gens' (Furetière). Comme l'auteur lui-même, nous employerons le mot pour désigner aussi les chapitres individuels de l'ouvrage.

VIII

Caractères et Montesquieu dans ses *Lettres persanes* ont sondé chacun la
mentalité de leur époque avec plus de précision et plus d'amplitude que ne
l'a fait Dufresny dans ses *Amusements*. Constatons que Dufresny n'est pas
un grand auteur, que les *Amusements* ne sont pas un chef-d'œuvre, même
méconnu, et qu'on ne méconnaît que ce qui se laisse méconnaître.

Toutefois, si l'on met volontiers les *Amusements* au second rayon, ce
n'est pas pour leur refuser toute qualité. Les contemporains de l'auteur
ne s'y trompèrent pas, et firent à l'ouvrage un accueil extrêmement
favorable.

La critique littéraire de l'époque jugeait habituellement l'acte
créateur et l'œuvre elle-même en grande partie selon des critères moraux.
Or, dans le domaine moral, on ne voyait généralement rien à reprocher aux
Amusements, et la remarque de Sabatier de Castres, qui affirma que les
imitateurs de Dufresny (parmi lesquels il comptait Montesquieu) 'n'ont pas
été aussi sages & aussi réservés que lui', est assez typique(6).
Cependant Camusat, qui partageait cette opinion, exprima quelques réserves:

> Il s'y trouve pourtant [...] des choses
> que j'oserais bien condamner. Telle est entre
> autres la comparaison qu'on y fait entre l'amour
> filial & la tendresse paternelle. Il y a là-dedans
> bien de la fausse subtilité(7).

Il est évident que si Camusat ne trouvait pas de défaut plus grave que ce
raisonnement prolixe (et il est permis de supposer qu'il avait choisi
l'exemple le plus frappant pour étayer son argument), il devait y avoir
peu de choses dans les *Amusements* qui risquaient de choquer les mœurs
contemporaines. En effet, l'auteur de la notice nécrologique de Dufresny,
parue dans le *Mercure de France*, affirme catégoriquement, en parlant du
théâtre de Dufresny, qu''il n'y a peut-être jamais eu de Poëte Comique
plus réservé, n'ayant jamais rien hazardé qui puisse offenser la pudeur'(8).

Ce n'est pourtant pas le mérite assez négatif de ne pas choquer les
mœurs qui fit sur la critique la plus forte impression. Le mot qui
revient constamment lorsqu'il s'agit des *Amusements* est celui d'originalité.

Jacques Bernard, dans un compte rendu inséré dans les *Nouvelles de
la république des lettres* du mois de mars 1699, écrit:

> Si tous nos Amusemens étoient du caractére
> de celui qu'on prendra dans la lecture de ce livre,
> on pourroit assûrer qu'il y a bien des occupations
> sérieuses, qui ne les valent pas. On y trouve
> plusieurs Réflexions très-judicieuses; on y voit

6 *Les Trois Siècles de notre littérature*, II, 71.
7 *Lettres sérieuses et badines*, VII, 48.
8 Tom. VII (juillet-décembre 1724), p. 2262.

> divers défauts assez ordinaires si bien dépeints,
> & rendus si ridicules, que ces portraits sont
> capables d'en corriger ceux qui voudront bien se
> donner la peine, de refléchir sur eux-mêmes, dans
> le tems, qu'ils liront cet Ouvrage. Mais parce
> qu'il y a long-tems, que ces matiéres semblent
> épuisées, l'Auteur a pris grand soin de les rendre
> en quelque sorte nouvelles, en leur donnant un tour
> tout nouveau(9).

Dans la notice nécrologique de Dufresny on retrouve à peu près les mêmes
termes.

> C'étoit un homme de bonne compagnie, enjoüé & fort agréable,
> fertille en bons mots, & en saillies plaisantes, sans
> maligne application & sans obscenité, aimant beaucou[p]
> les plaisirs, mais sans debauche[.] Il possedoit l'Art
> de les diversifier en cent manieres, dont chacune avoit un
> charme nouveau & particulier. Il sçavoit enfin leur
> rendre cette pointe qui les rend agréables, & qui s'émousse
> si aisément(10).

Plus tard, même l'abbé de Voisenon, qui n'était guère homme à passer sous
silence les défauts qu'il pouvait immortaliser en les accablant de traits
satiriques, termina le portrait de Dufresny qu'il incorpora dans ses
Anecdotes littéraires par un éloge de l'originalité de ses pièces de
théâtre(11).

Pourtant, ces éloges de l'originalité de Dufresny sont au premier
abord peu faciles à comprendre. Les observations de notre auteur n'étaient
pas chose nouvelle pour des lecteurs qui connaissaient les nombreuses
éditions des *Caractères* de La Bruyère. Les personnages qui peuplent les
Amusements sont souvent les mêmes que l'on trouve chez le moraliste ou
chez Molière; la 'faiseuse de portraits', par exemple, n'est évidemment
pas sans certains liens de parenté avec la Célimène du *Misanthrope*.
L'idée de faire émettre des opinions sur certaines caractéristiques de la
vie française par un étranger qui n'y était pas habitué n'était pas
nouvelle non plus: l'espion turc de Marana en avait déjà fait autant.
D'un autre côté, les maximes dont le texte de Dufresny est parsemé ont
souvent l'air de sentences de La Rochefoucauld, mais en moins pertinent.
Et ce jeu continuel de Dufresny, qui consiste à souligner la différence
entre la réalité et les apparences, était depuis longtemps une des grandes
préoccupations de la littérature - surtout de la littérature classique.
En revanche, on peut affirmer que le choix d'un Siamois est original et
que Dufresny est le seul à nous laisser un témoignage littéraire aussi

---

9 p.348. Le *Journal des savans* du 9 février 1699 fait aussi mention des
Amusements, mais là on se contente de fournir, sans les juger, une
esquisse de quelques idées qu'ils contiennent; voir la page 72.

10 Loc. cit., p.2261.

11 p.42.

complet de la vogue dont le Siam jouissait entre 1685 et la fin du siècle(12).
Il est vrai aussi que les observations 'siamoises' sur les mœurs françaises
sont beaucoup mieux mises en évidence dans les *Amusements* que ne le sont
celles de l'espion dans le long texte de Marana. Mais on s'étonnerait de
voir établir une réputation d'originalité sur si peu de chose alors que
l'œuvre se rattache dans une très large mesure à une tradition bien connue.

La grande trouvaille de Dufresny, celle qui le distingue et en fait
un auteur original, c'est l'image qui domine l'œuvre entière et lui donne
son unité: l'image du voyage à travers plusieurs pays. La Bruyère avait
réparti ses réflexions en chapitres, mais il n'avait pas cherché à leur
donner une unité plus grande que celle qui résulte nécessairement de
l'emploi d'un observateur unique. Par contre, le voyage imaginaire de
Dufresny fait des *Amusements* une sorte de roman-journal et leur donne
cette unité qui provient du récit immédiat que fait un narrateur de son
expérience vécue. D'ailleurs, les tranches de vie que présente le roman-
journal, où sont consignées les expériences à mesure qu'elles arrivent et
les réactions immédiates qu'elles suscitent, le rapproche sensiblement du
théâtre. Tandis que cette présentation animée des événements est presque
entièrement absente de l'œuvre de La Bruyère, dans les *Amusements* tout
est déplacements, conversations et réactions entre interlocuteurs. En
fait, rien n'illustre mieux la distance qui sépare le moraliste de celui
qui était de prime abord un homme de théâtre.

C'est sans doute l'habitude qu'il avait d'écrire pour le théâtre qui
a suggéré à Dufresny l'idée de capter la sympathie de son lecteur en
entamant un dialogue avec lui. Pourtant, au début, ce dialogue n'est
guère véritablement 'direct' mais s'engage avec une tierce personne,
ridicule celle-ci. A force de se débattre avec le représentant imaginaire
d'une critique pédantesque aux idées figées et de répondre à des objections
que ne partagerait justement pas le lecteur moyen, Dufresny se range
carrément du côté de ce dernier. Il se présente ainsi comme son porte-
parole, comme celui qui articule le bon sens que ses lecteurs se flattent
tous de partager.

Si la plus grande partie du dialogue imaginaire du premier *amusement*
se passe entre l'auteur et le critique, Dufresny en commence tout de même
un autre, direct cette fois, avec le lecteur lui-même. La première
manifestation du dialogue direct est très discrète et ne consiste qu'à
suggérer au lecteur que c'est de lui que dépendra l'effet de l'ouvrage:
'selon l'humeur où vous serez en les lisant, [ces *amusements*] pourront
vous divertir, vous instruire, ou vous ennuyer'. Agréable moraliste que
celui qui reconnaît le droit qu'a son lecteur de réagir comme il veut
devant son livre; admirable modestie d'un auteur qui ne paraît être
certain ni d'instruire, ni d'amuser, ni même d'intéresser.

Ayant établi ce rapport d'égalité avec son lecteur, Dufresny peut se
permettre d'aller plus loin, et dès le début du second *amusement*, l'auteur
l'invite à le suivre en voyage. Mais il ne s'arrête pas là; il fait part

[12] Voir Martino, *L'Orient dans la littérature française*, p.101, 176; et
Amusements, éd. Jean Vic, p.28 et suiv.

à son compagnon à la fois de son procédé littéraire et de ses hésitations:

> Je vais ... faire une relation en stile de
> voyage: cette figure m'est venuë naturellement,
> je la suivray.

> Par où commencer ce grand voyage?

Aucun lecteur, bien entendu, ne prendrait pour réelle cette prétendue hésitation, qui est un procédé de rhétorique bien connu; mais il serait beaucoup plus difficile de se défendre d'éprouver de la sympathie pour un auteur qui non seulement prend la peine de souligner le fait qu'il ne veut pas paraître pompeux ('cette figure m'est venuë naturellement') mais qui va aussi jusqu'à révéler au lecteur les étapes par lesquelles l'ouvrage va se développer comme à tâtons ('je la suivray. Par où commencer...?'). On est déjà loin de cette élégance impersonnelle des œuvres classiques aux coutures invisibles. Pour qui aurait eu du mal à se figurer une tragédie de Racine en voie de composition, cet auteur qui ne cherchait pas à cacher son travail d'élaboration devait être bien autrement attachant.

C'est au moyen du même dialogue que Dufresny introduit son Siamois dans le troisième *amusement*, et, là encore, il prend soin d'entrer dans une sorte de complicité avec son lecteur.

> Imaginez-vous donc combien un Siamois y trouveroit
> de nouveautez surprenantes ... Il me prend envie de
> faire voyager ce Siamois avec moy.

Ne nous y trompons pas; on n'est nullement censé croire à ce Siamois en tant que personnage. Il n'est doué d'aucune sorte de réalité pour le lecteur, mais est amené à peu près comme l'est le pédant, pour exprimer des idées auxquelles l'auteur et le lecteur pourront réagir de concert. Cette réaction sera de deux sortes, selon le cas: ou bien le Siamois dira quelque chose de sensé mais en même temps de contraire à l'usage normal, telle l'expression de sa surprise devant la proposition de s'asseoir sur la scène de l'Opéra, et alors l'auteur se rangera à son point de vue et en même temps à celui du lecteur qui aura l'impression d'avoir un bon sens semblable; ou bien le Siamois commettra une erreur apparemment comique (en prenant, par exemple, l'académie de jeu pour un temple), mais que Dufresny peut donner pour telle tout en prenant ses distances vis-à-vis du Siamois pour dire à son véritable interlocuteur: 'vous conviendrez que son idée, toute abstraite & toute visionnaire qu'elle paroisse, a pourtant quelque rapport à la verité'. Autrement dit, dans les deux cas, il convie son lecteur à être juge à la fois d'une création littéraire en s'amusant aux dépens d'un ingénu qui se trompe, et de la coutume locale insensée qui l'a induit en erreur.

Grâce aux rapports établis entre l'auteur et son lecteur dès le début de l'ouvrage et renforcés par la suite, le Siamois, à dessein dénué de réalité, devient le moyen par lequel ils peuvent prendre conscience de leurs sentiments communs. Mais le jeu de Dufresny va plus loin encore. Personnage de roman à faire rire en certaines occasions (par exemple,

lorsqu'il se trompe sur la signification du jeu de cartes ou qu'il risque
de perdre dans la foule du Palais la dignité que les Français de l'époque
attendaient de tous les Orientaux), le Siamois devient pour l'auteur, à
un moment donné, prétexte à une justification de ses procédés littéraires.
Au cours du onzième *amusement*, Dufresny fait apparaître un beau petit
cavalier à la mode qui, à défaut de savoir converser, ne fait que minauder
devant les femmes du cercle. L'empressement de ces femmes à s'approcher
du cavalier provoque une réaction de la part de ce Siamois qui n'a dit
mot depuis son introduction dans le cercle, une cinquantaine de pages
avant. Dufresny fait alors semblant de répondre à un critique qui ferait
une objection à cette réflexion inattendue de la part d'un personnage
dont rien n'indiquait qu'il était aux côtés de l'auteur. Mais le
critique n'est pas plus réel que le Siamois, et la réponse que Dufresny
lui adresse n'est que le prétexte dont il se sert pour réitérer ce qu'il
appelle les 'conventions' de ses rapports avec le lecteur afin de faire
passer auprès de lui l'apparente incohérence d'un texte qui se présente
tantôt comme épisode vécu, tantôt comme galerie de portraits commentés.
Le procédé est habile aussi, comme on l'a vu plus haut, puisqu'un lecteur,
à qui est révélé l'acte même de la composition de l'œuvre, ne pourra pas
exiger cette présentation soignée que la paresse de l'auteur l'empêchait
de rechercher.

L'originalité et la subtilité de la façon dont Dufresny engage la
bonne volonté de son lecteur ne sont pas le seul mérite dont cet ouvrage
fait preuve. L'on a déjà remarqué comment Dufresny arrive à souligner le
caractère inattendu ou absurde que revêtent certains éléments de la vie
parisienne aux yeux d'un spectateur libre de préjugés, éléments aussi
divers que l'accès peu commode de l'Opéra ou la manière dont s'arrangent
certains mariages. On pourrait ajouter à la liste des objets de son
persiflage certaines cibles traditionnelles de la satire, telles que la
médecine et la justice. Mais la satire de Dufresny se fait plus précise
aussi, surtout dans le onzième *amusement*. Là, l'auteur passe en revue
moins des phénomènes que des personnages-type. S'il a su saisir sur le
vif le ridicule de ces personnages, ce n'est pas seulement en offrant
une description de leur conduite mais souvent aussi en reproduisant des
conversations révélatrices, et c'est là que l'on discerne facilement son
expérience du théâtre. Deux exemples sont particulièrement probants. Un
vieux poète célibataire et une femme de lettres déplorent le mariage d'une
de leurs connaissances, mariage qui entravera sa production littéraire:
'Que ne garde-t-elle sa tendresse pour rendre ses Poésies plus touchantes
& plus animées?' demande la dame - point de vue alors assez peu courant
pour couvrir de ridicule la personne qui l'énonce. Mais les sentiments
exprimés par ces deux personnages ne sont pas à eux seuls ce qui sert à
les rendre risibles; les mots mêmes qu'ils utilisent y contribuent
beaucoup. Le langage de la dame abonde en termes précieux, et Dufresny
fait employer au vieux poète l'expression 'un mien ami', tournure vieillie
à cette époque mais qui convient parfaitement à un vieillard qui a toujours
négligé les réalités de la vie pour se plonger, avec des gens tels que son
interlocutrice, dans les livres de poésie et les recueils de fables
obscures. Un autre exemple de la facilité avec laquelle Dufresny
caractérisait quelqu'un par une manière spéciale de parler serait celui
du jeune magistrat qui se prend trop au sérieux. Averti qu'il 'dit tout

par maximes' et qu'il 'ne badine que par sentences', le lecteur s'attend
à ce que son discours soit prétentieux, et il l'est:

> Une vieille, répond nôtre jeune Doyen, une vieille
> qui travaille à se rajeunir, & qui veut revoir le païs
> du bel âge, y va plus loin qu'elle ne croit; en courant
> à la jeunesse, elle retombe dans l'enfance.

Lapidaire et métaphorique à l'excès, la phrase du magistrat serait déjà
bien affectée, mais la réussite du portrait est augmentée par cette
répétition d''une vieille'. On conclut que non seulement le magistrat
cherche à impressionner l'assemblée par son style figuré et laconique (qui
sent, bien entendu, l'apprêté, le posé), mais aussi que, rhétoriqueur, il
commence sa phrase, hésite pour capter l'attention de son auditoire, puis
repart une fois qu'il l'a obtenue. Voilà en fait le type même du pédant
tel que l'avait toujours dépeint la comédie.

Il ne servirait à rien de prolonger la liste des qualités que l'on
peut trouver aux *Amusements;* et l'on a peut-être assez montré l'estime
que la critique et le public contemporains leur accordaient. Cette
estime pour Dufresny et ses *Amusements* se voit particulièrement dans
l'influence qu'ils ont exercée sur quelques-uns des auteurs les plus
renommés de la littérature française. Il suffit de consulter les *Journaux
et œuvres diverses* de Marivaux pour voir précisément combien celui-ci
devait à notre auteur(13). Bordelon, un contemporain de Dufresny, nota que
son style était 'pur, enjoüé & coulant'(14), et Alexandre Calame a pu
discerner le rôle qu'il a joué dans l'histoire de la langue. 'Il est
évident', écrit-il, 'que la phrase entrecoupée, le langage dit de la
passion, dont on crédite habituellement Nivelle de la Chaussée ou des
auteurs plus tardifs encore, est déjà tout constitué dans Dufresny'(15).
On n'a qu'à lire *La Joueuse,* V, 6 pour trouver un exemple de ce 'langage
dit de la passion' dont parle Calame, et la pièce entière fait penser à
une comédie larmoyante avant l'heure. D'un autre côté, Jean Vic discerna
une influence sensible chez Voltaire, Goldoni, Piron et surtout chez
Beaumarchais et Balzac, et la dette de Montesquieu, évidente au point
d'être parfois exagérée par la critique, a été précisée dans les travaux
de Paul Vernière(16).

Pourtant, on risque de fausser en quelque sorte l'image que l'on
donne de la valeur littéraire des *Amusements* si on parle d''influence'
au singulier. L'emprunt que fit Balzac se manifesterait, selon J. Vic,
dans un *épisode* de *La Paix du ménage,* mais c'est *l'idée* même de souligner
l'arbitraire ou le ridicule de certains aspects de la vie française en
les faisant commenter par un étranger que Montesquieu emprunta à ses

13 Voir p.5-6, 41; et section IV, notes 63, 137 et 140. Pour une étude
très détaillée des rapports entre Dufresny et Marivaux on consultera
F. Deloffre, *Une Préciosité nouvelle; Marivaux et le marivaudage.*

14 *Dialogues des vivans,* p.195 n.

15 'Charles Dufresny et sa famille', p.651.

16 Voir les deux articles que Vic écrivit pour la *Revue du XVIIIe siècle,*
signalés dans notre bibliographie, et *Lettres persanes,* p.xix.

XIV

prédécesseurs, parmi lesquels on compte Dufresny. C'est là justement que
réside son importance dans l'histoire littéraire: précurseur de Montesquieu,
il a pour ainsi dire inauguré une forme littéraire qui allait s'épanouir
au siècle suivant. Dufresny fut le premier à écrire un livre où les
observations d'un "étranger" portaient uniquement sur la vie française de
tous les jours. Les remarques de l'espion turc de Marana sur la société
française avaient été noyées parmi une foule de considérations politiques
dont beaucoup avaient perdu toute actualité lorsque l'ouvrage commença à
paraître en 1684. Par contre, Dufresny se borne à parler de choses non
spécialisées, sans être pour cela banal. Voilà justement ce qu'il fallait
pour atteindre un public plus vaste que les seuls lecteurs cultivés de
l'époque et voilà aussi le genre d'observation que ses successeurs
trouvèrent bon d'inclure dans leurs ouvrages, lors même que leur intérêt
principal se trouvait ailleurs. Un certain public trouvait sans doute
intéressantes les lettres où Montesquieu parle de la dépopulation ou de
la bibliothèque do l'abbaye de Saint-Victor et celles où il est question
de droit ou de religion, mais un plus grand nombre de lecteurs lisait
avec plaisir celles où sont traitées des matières moins philosophiques,
comme, par exemple, le roi, les grands, les femmes, l'Opéra ou la
curiosité des Parisiens. Voilà ce qu'ont bien senti, entre autres,
Cotolendi et Saint-Foix et, pour reprendre un exemple plus connu, le
Voltaire de *l'Ingénu* ou du *Monde comme il va*. Cette position privilégiée
de Dufresny dans les lettres françaises aurait à elle seule de quoi
justifier un intérêt plus vif qu'on n'a coutume de lui accorder aujourd'hui.

Cependant, si les *Amusements* jouirent de l'estime du public et de la
critique du dix-huitième siècle aussi bien que de celle de nombreux
auteurs de premier rang, l'on est en droit de se demander pourquoi le
livre est tombé depuis longtemps dans un oubli presque total. Son
abandon par le public n'est pas difficile à comprendre. Après la
disparition de la société dont ils reflètent l'esprit, les *Amusements* sont
naturellement devenus de plus en plus difficiles à aborder; le peu
d'éditions parues depuis la Révolution en témoignent. Délaissées par le
public, les œuvres comme les *Amusements* ne peuvent plus survivre de nos
jours que dans les programmes universitaires, et ceux-ci ne retiennent
que les meilleures productions de chaque époque.

Nous avons constaté dès le début de cet essai que l'œuvre de
Dufresny ne valait pas celle de certains de ses contemporains. Précisons
si elle a été goûtée pendant un temps assez considérable après sa parution,
il est évident que ce sont les exigences des lecteurs qui ont changé, et
que les défauts qu'on lui a trouvés depuis représentent des jugements
fondés sur de nouveaux critères.

Une formation littéraire basée sur la notion classique de l'excellence
amena ceux qui s'intéressaient à Dufresny à exiger plus ou moins
inconsciemment des œuvres littéraires une certaine apparence soignée.
Boileau voulait qu'un ouvrage fût remis vingt fois sur le métier, et, comme
le montrent les révisions que subirent les *Amusements* au cours de la
préparation de l'édition de 1707, c'est à peine si Dufresny avait le
courage d'y mettre le sien à deux reprises. Cette répugnance à réviser
son texte se manifeste clairement dans les nombreuses répétitions d'un
même mot en l'espace de quelques pages. Entre les pages 196 et 204 le mot

EDITIONS DU TEXTE

Malgré les erreurs de certains bibliographes, l'histoire des éditions autorisées des *Amusements* publiées du vivant de l'auteur est à la vérité assez claire. Il est significatif que Dufresny ait confié la publication de son ouvrage à Claude Barbin, libraire-imprimeur qui jouissait d'une réputation des plus solides. Né aux environs de 1629, Barbin commença son apprentissage en 1641. Reçu maître en 1654, il devait publier au cours des vingt années suivantes quelques-unes des œuvres les plus connues de la littérature classique, telles que les *Maximes, La Princesse de Clèves* et les *Lettres portugaises.* Si les dernières années de sa carrière furent un peu moins brillantes que la période de 1660 à 1680, il continua néanmoins jusqu'à la fin de sa vie à publier des livres de qualité, parmi lesquels on peut compter par exemple *La Vie de Saint Louis* de l'abbé de Choisy et les *Contes* de Perrault(1).

Le *Privilège* des *Amusements* fut accordé à Barbin le 11 juillet 1698, et l'achevé d'imprimer est daté du 6 décembre de la même année. Bien qu'on lise sur la page de titre de cette édition originale le nom de Claude Barbin et l'année 1699, l'imprimeur était déjà mort au moment de la mise en vente du livre. Longtemps régna l'incertitude à propos de la date de la mort de Barbin, incertitude résolue par F. Longchamp qui remarque pertinemment:

> A propos de l'année de la mort de Claude Barbin, une petite rectification s'impose. D'après un *Catalogue chronologique des libraires et des libraires-imprimeurs de Paris...,* publié par Lottin de Saint-Germain, en 1789, et d'après la "Grande Encyclopédie" et le "Grand Larousse", qui, sans doute, ont copié Lottin, Barbin serait mort en 1703. Quoique Lottin ait été plus près que nous de l'époque où vécut Barbin, son assertion est certainement erronée. Pour le prouver, qu'il nous suffise de faire remarquer que déjà les Aventures de Télémaque [*sic*] de Fénelon, publiées en 1699..., portent comme signet: *Chez la veuve de Claude Barbin.* Il est, n'est-ce pas, moins que probable que Barbin s'il eût été en vie en 1699, eût permis à sa femme de l'enterrer pour ainsi dire vivant, ou, tout au moins, de faire comme s'il n'eût plus existé(2).

L'édition des *Amusements* émise en 1701 portait toujours le nom de Claude Barbin et ce ne fut qu'en 1707 qu'ils furent publiés pour la première fois sous le nom de sa veuve.

C'est à l'intéressante étude de Longchamp que nous devons aussi des éclaircissements concernant la présentation typographique des éditions de Barbin. Quoique Barbin observât l'article du *Règlement de librairie et de l'imprimerie* [*sic*] de 1686 qui stipulait l'emploi de 'beaux caractères'

---

1 Voir Martin, *Livre, pouvoirs et société à Paris au XVIIe siècle,* II, 710-711.

2 'Un Libraire du XVIIe siècle: Claude Barbin', p.29, n.1.

et de 'bons papiers', on constate que l'impression de ses livres n'est
pas toujours aussi 'correcte' que le voulait ce même règlement. Longchamp
note que les fautes orthographiques et typographiques sont très courantes
dans les livres du dix-septième siècle et qu'auteurs et imprimeurs en
partagent également la responsabilité. D'une part les auteurs se souciaient
fort peu de corriger des erreurs qui s'étaient glissées dans leurs textes
imprimés (Longchamp cite le cas de La Bruyère), d'autre part

> les règles de l'Académie ne s'étaient pas encore
> imposées aux imprimeurs. Alors, autant d'officines,
> autant de façons d'écrire, autant de correcteurs,
> lettrés plus ou moins, autant de genres d'orthographe,
> lesquels variaient d'une page à l'autre, suivant la
> fantaisie ou l'instruction de l'ouvrier(3).

Le cas de Barbin semble avoir été assez typique, car, note Longchamp,

> les œuvres qu'il a mises au jour et, parfois, fait
> réimprimer, sont loin d'être impeccables. L'orthographe
> fut aussi pour lui chose de fantaisie, car, même jusque
> dans son adresse, il lui arriva parfois d'écrire:
> "Sur le perron de la Saincte Chapelle", ou la "Saincte
> Chappelle", ou encore "sainte Chapelle"(4).

On discerne, bien entendu, dans l'édition originale des *Amusements,* quelques
signes de ce manque de rigueur; pour les solutions que nous avons données
aux problèmes qu'il pose, on consultera nos 'Principes de l'Edition'.

Le texte de l'édition de 1701 suit assez fidèlement celui de l'édition
de 1699, mais notons que la Table placée à la fin du volume diffère de
celle de l'édition originale en ce que, dans l'édition de 1701, les
rangées de points devant les numéros de ces pages où le même sujet est
traité qu'à la page précédente sont supprimées, ce qui réduit le nombre
de pages que contient la Table de soixante-trois à quatorze. Est pourtant
retenue l'indication d'après laquelle toutes les pages seraient numérotées
de suite. Cette indication, inexacte même dans le cas de l'édition originale
où les pages 81 et 219 ne figurent pas dans la Table, devient alors
entièrement superflue.

L'édition dont Dufresny confia la publication à Pierre Ribou, imprimée
à Rouen et mise en vente à Paris en 1706, porte un privilège de six ans
accordé le 17 mars 1703 et enregistré le 2 avril de la même année. La
Table que l'on trouve à la fin de ce volume suit le même plan maladroit
que celle de l'édition originale mais dans ce cas-ci elle s'étend sur neuf
pages de moins. Une Table du même genre que celles de ces deux éditions
figure dans l'édition que publia Jombert en 1723, avec l'autorisation d'un
privilège de trois ans accordé le 11 mars 1723 et enregistré le 12 avril.
La publication de cette édition passa au cours de la même année entre les
mains de Josse, et c'est son nom que porte la page de titre de certains
exemplaires.

3 Ibid., p.38.

4 Ibid.

L'impression de l'édition augmentée qui parut chez la veuve Barbin en 1707 fut autorisée par un privilège de cinq ans accordé le 6 juin 1706 et enrégistré le 12 du même mois. Les additions de Dufresny portèrent le nombre de pages de son texte de 288 à 319. La disposition de la Table n'est plus celle de l'édition originale mais, compte tenu des nouvelles matières qu'elle contient, cette Table suit de plus près celle de 1701, tout en gardant également l'indication selon laquelle les numéros de *toutes* les pages y figurent. L'on notera que, parmi les quatre exemplaires de cette édition que nous avons pu voir, on trouve deux différentes vignettes sur la page de titre.

La popularité que connurent les *Amusements* dès le moment de leur parution encouragea la prolifération de nombreuses contrefaçons hollandaises. La rareté extrême de certaines éditions autorisées et les fausses indications que portent quelques-unes des contrefaçons ont compliqué l'histoire bibliographique de l'ouvrage au point d'induire en erreur même les plus consciencieux des érudits. Barbier et Quérard, par exemple, offrent des renseignements incomplets, vagues et parfois incorrects et ne font aucune distinction entre éditions autorisées et contrefaçons(5).

C'est une de ces contrefaçons, celle de 1705, qui passa longtemps pour l'édition originale - chose surprenante pour deux raisons. Non seulement Barbier fournit les détails de la véritable édition originale, mais aussi la Bibliothèque Nationale en possède deux exemplaires qui se trouvaient dans le fonds de la Bibliothèque Royale. Cependant, lorsqu'il s'agit de réimprimer l'ouvrage en 1869, c'est l'édition de 1705 que Jouaust choisit pour son texte de base. Il est possible que la partie du fonds de la Bibliothèque Nationale qui contenait les exemplaires de l'édition originale fût inaccessible en raison des travaux qui s'y poursuivaient dans les années soixante, au moment même où Jouaust devait préparer son texte. Mais s'il n'attendit pas la reprise des communications pour consulter cette édition, au lieu de s'adresser à l'Arsenal pour se servir de celle qui est de loin la plus défectueuse de toutes, il en donne lui-même la raison dans son Introduction: l'opportunité d'une réimpression des *Amusements* qui coïnciderait avec une nouvelle édition des *Lettres persanes* dont la maison s'occupait alors, raison d'ordre purement économique.

Bien que Jouaust sût la date réelle de l'édition originale, comme le prouve son Avertissement(6), il ne l'a certainement jamais consultée, puisqu'en réimprimant celle de 1705 il dut modifier lui-même son texte à des endroits où des lacunes le rendaient inintelligible, et dans l'un des cas il se contenta de laisser subsister un passage qu'une lacune déformait au point de le rendre dénué de sens.

5 A.-A. Barbier, *Dictionnaire des ouvrages anonymes*, I, 160-161; J.-M. Quérard, *La France littéraire*, II, 649.

6 p.v.

XX

Si avec Jouaust nous avons moins affaire à un savant consciencieux qu'à un homme d'affaires cherchant à vendre une édition quelconque, il n'en est pas de même pour Jean Vic qui fit paraître une édition critique du texte de 1707 chez Bossard en 1921. La valeur de ses travaux est indéniable, malgré des erreurs bibliographiques. Avant de tâcher de les corriger rappelons pourtant qu'en 1921 Vic n'avait pas à sa disposition les instruments de travail qui facilitent la besogne de l'éditeur d'aujourd'hui. Si, par exemple, une édition n'existait plus qu'à un très petit nombre d'exemplaires que détenaient des bibliothèques étrangères, Vic n'avait aucune raison valable d'en soupçonner l'existence. Tel est, selon toutes les apparences, le cas de la seconde édition autorisée du texte primitif (que couvrait le privilège de l'édition originale) que nous avons trouvée uniquement à la Herzog-August Bibliothek à Wolfenbüttel, à la Library of Congress et à la bibliothèque de l'Université de Yale. Et même si l'édition de 1706 porte clairement la mention 'troisième édition', on comprend bien que Vic l'ait prise pour la deuxième, vu les nombreuses indications trompeuses que portent les pages de titre des contrefaçons, qui sont de loin les exemplaires les plus courants.

A la suite des recherches les plus approfondies qui eussent été entreprises jusqu'alors, Vic constata à juste titre la primauté de l'édition Barbin de 1699 et l'accueil favorable qu'on lui fit. La parution à peine trois mois plus tard de la première contrefaçon n'a pas de quoi nous surprendre. L'habitude qu'avaient des maisons d'édition hollandaises d'imprimer une œuvre parisienne susceptible d'attirer les lecteurs francophones demeurant à l'étranger est bien connue. Mais là où Vic s'égare c'est lorsqu'il affirme que 'peu après, Lyon, officine des contrefacteurs, lançait une fort mauvaise édition sous l'adresse mensongère d'"Estienne Roger à Amsterdam"'(7). Voilà qui serait bien compréhensible à la lumière des travaux de Brancolini et Bouyssy qui nous signalent les nombreuses difficultés qui s'opposaient sous l'Ancien Régime à la diffusion provinciale d'un livre imprimé d'abord à Paris(8).

Cependant Estienne Roger n'est pas un deuxième Pierre Marteau. Né à Caen en 1665, Roger s'est réfugié à Amsterdam en 1686. Là, ayant appris son métier d'abord chez Antoine Pointel et plus tard chez Jean-Louis de Lorme, il s'est établi marchand de livres, imprimeur et relieur agréé en 1695. La spécialité de la maison Roger était la musique et, nous affirme-t-on, elle mettait plus de soin dans la production des livres que ne faisaient les autres contrefacteurs de l'époque. L'entreprise était importante et entretenait des relations avec de nombreux correspondants à l'étranger qui assuraient la diffusion de ses publications. L'association professionnelle de Roger et de Michel-Charles Le Cène, son gendre, date d'environ 1717, et c'est celui-ci qui hérita de la maison à la mort de Roger, survenue en 1722. Chose curieuse, Roger, quoique contrefacteur, paraît avoir toujours essayé d'entrer en contact avec celui dont il contrefaisait les publications(9).

7 *Amusements*, p.22.

8 Voir 'La Vie provinciale du livre à la fin de l'Ancien Régime', in *Livre et société dans la France du XVIIIe siècle*, II, 3-37 (p.5).

9 Voir *Die Musik in Geschichte und Gegenwart*, XI, 629-632.

Quelque scrupuleux qu'il ait pu être en certaines occasions il ne se plaçait pourtant pas au-dessus de ces petites entorses que la publicité fait habituellement à la vérité. Une étude des variantes, et surtout des omissions, de la première édition des *Amusements* publiée par Roger (celle de 1700) révèle que la mention *Suivant la Copie imprimée à Paris* est fausse, et que c'est celle parue l'année précédente chez Desbordes qui lui servit de modèle. C'est sa propre première édition de 1700 que Roger a utilisée dans la préparation des éditions postérieures qu'il publia en 1702 (voir notre stemma). En revanche, l'édition de 1705 suit l'une de celles qui ont vu le jour en 1702, et il en est peut-être de même pour celle que publia Roger en 1708. Par contre, c'est l'édition de 1700 qu'il reprit pour la préparation de celle de 1709 et, vraisemblablement, de celle de 1713 aussi (10).

L'édition autorisée, augmentée par Dufresny lui-même, fut imprimée, comme nous l'avons indiqué plus haut, en 1707. Parmi d'intéressantes observations sur la façon dont Dufresny s'y prit pour augmenter son texte primitif, Jean Vic tombe, croyons-nous, dans la naïveté et peut-être aussi dans la contradiction. Il remarque très justement que les éditions postérieures de l'œuvre continuaient à suivre l'édition originale en laissant de côté la version de 1707, et il constate que 'par un hasard singulier, ce texte nouveau est resté jusqu'ici [1921] entièrement inconnu'(11). Nous voulons bien supposer avec lui que la critique avait perdu de vue cette édition augmentée, mais doit-on s'étonner que les libraires ne l'aient pas réimprimée? La seule réimpression autorisée de l'ouvrage isolé à paraître du vivant de Dufresny fut celle de Jombert (1723). Pourquoi voudrait-on que ce libraire se donnât la peine d'imprimer une trentaine de pages supplémentaires dans le cas d'une œuvre déjà vieille de plus de vingt ans et dont le succès risquait d'être un peu aléatoire deux ans après la parution des *Lettres persanes*? Jombert ne pouvait pas savoir avant de réimprimer les *Amusements* si le succès du livre de Montesquieu allait leur attirer un renouveau d'intérêt ou si elle allait les éclipser. Les contrefacteurs auraient été dans le même cas que Jombert. D'ailleurs, un livre se vend par son titre, et l'on comprend mal pourquoi un imprimeur (même s'il connaissait la nouvelle édition) compromettrait sans nécessité la liquidation de son édition en haussant ses prix, ou diminuerait son propre bénéfice à force de faire cadeau d'une quantité de nouveaux matériaux à des acheteurs qui vraisemblablement en ignoraient l'existence. Le cas des éditeurs des *Œuvres* qui parurent au cours du dix-huitième et du dix-neuvième siècles aurait pu être à peu près semblable, ou bien il se peut qu'ils aient pu estimer peu intéressant de laisser de coté le texte primitif, qui avait connu le succès que l'on sait, afin d'imprimer une nouvelle version où la modification faite au premier *amusement* n'en augmente pas beaucoup l'intérêt et où l'addition la plus importante n'était qu'une adaptation de quelques scènes de *La Malade sans maladie*, pièce que certains d'entre eux publiaient dans un autre volume de la même collection.

10 Dans son compte rendu de l'essai bibliographique de Rudolf Harneit, François Moureau fournit des précisions sur cinq éditions que leur rareté nous a empêché de consulter. Voir plus loin notre liste d'éditions non examinées.

11 *Amusements*, p.23.

Cependant, deux pages plus loin dans son Introduction, Vic affirme
que 'l'édition augmentée de 1707 ne put échapper plus que la première à
la contrefaçon: il parut, les années suivantes, diverses impressions
hollandaises ou lyonnaises'. Cela est inexact; nous avons pu établir
que les seules éditions à paraître au cours des 'années suivantes'
reproduisent le texte primitif de l'ouvrage.

Dans la bibliographie de Quérard on trouve cataloguée une édition
qui ne figure pas sur la liste que nous avons établie, celle qu'aurait
publiée Isaac Vaillant à la Haye en 1719(12). Le cas de cette "édition"
est intéressant; là, nous avons affaire à un ouvrage qui, hormis la
première partie de son titre, n'a rien à voir avec celui qui nous
concerne ici. Mais la ressemblance des deux titres nous permet du moins
de supposer que l'auteur de cet autre livre l'avait jugé susceptible de
se vendre plus facilement sous le titre d'un ouvrage qui avait connu le
succès. Notre supposition se trouve appuyée par la parution, l'année
suivante, d'une deuxième édition de ce nouvel ouvrage que l'on trouve
souvent attribué à Dufresny dans les catalogues des grandes bibliothèques.

---

¹² Voir Quérard, loc. cit.

EDITIONS AUTORISEES DU TEXTE

1699-1724

(Les sigles adoptés pour désigner les éditions sont indiqués entre
parenthèses.)

(A) AMUSEMENS SERIEUX ET COMIQUES. A PARIS, Chez CLAUDE BARBIN, au
     Palais, sur le second Perron de la Sainte-Chapelle. M. DC. XCIX.
     Avec Privilege du Roy. In-I2, 288 (63 + I) pp.

(B) AMUSEMENS SERIEUX ET COMIQUES. *Par* M. DE FONTENELLE, *de
     l'Académie Françoise.* A PARIS, Chez CLAUDE BARBIN, au Palais, sur
     le second Perron de la Sainte-Chapelle. M. DCCI. *Avec
     Privilege du Roy.* In-I2, 288 (I4 + I) pp.

(C) AMUSEMENS SERIEUX ET COMIQUES. *TROISIE'ME EDITION. Imprimé
     à Rouën : Et se vend* A PARIS, Chez PIERRE RIBOU, sur le Quay des
     Augustins, à la décente (*sic*) du Pont-Neuf, à l'Image S. Loüis.
     M. DCCVI. *Avec Aprobation, & Privilege du Roy.* In-I2, 288
     (54) pp.

(D) AMUSEMENS SERIEUX ET COMIQUES. A PARIS, Chez JOSSE fils, ruë
     Saint Jacques, à la Fleur de Lys d'or. MDCCXXIII. *Avec
     Privilege du Roy.* In-I2, 288 (64)pp.

(E) AMUSEMENS SERIEUX ET COMIQUES. Seconde edition, reüe, corrigée
     & augmentée. A PARIS, Chez la Veuve BARBIN, au Palais, sur le
     second Perron de la Sainte Chapelle. M. DCCVII. *Avec Privilege
     du Roy.* In-I2, 319 (I5) pp.

CONTREFAÇONS

1699 - 1724

(EDITIONS EXAMINEES)

(F) AMUSEMENS SERIEUX ET COMIQUES. *Suivant la Copie imprimée à
     Paris* A AMSTERDAM, Chez HENRY DESBORDES, Marchand Libraire,
     dans le Kalver-Straet. M. DC. XCIX. In-I6, I33 (2I) pp.

(G) AMUSEMENS SERIEUX ET COMIQUES. *TROISIEME EDITION Suivant la Copie
     imprimée à Paris.* A AMSTERDAM, Aux dépens D'ESTIENNE ROGER,
     Marchand Libraire, chez qui l'on trouve toute sorte de Musique.
     M. DCC. In-I2, 170 (16) pp.

(H) AMUSEMENS OU ENTRETIENS SERIEUX COMIQUES ET MORAUX. *A AMSTERDAM,*
     Aux depens D'ESTIENNE ROGER, Marchand Libraire, chez qui l'on
     trouve toute sorte de Musique. M. DCCII. In-I2, I07 (9) pp.

(J) ENTRETIENS OU AMUSEMENS SERIEUX ET COMIQUES. *NOUVELLE EDITION.*
Suivant la Copie imprimée à Paris. A AMSTERDAM, Chez ESTIENNE
ROGER, Marchand Libraire, ruë du Loup. M. DCC. II. In-12,
213 (15) pp.

(K) ENTRETIENS OU AMUSEMENS SERIEUX ET COMIQUES. *NOUVELLE EDITION.*
A AMSTERDAM, Chez ESTIENNE ROGER, March. Libraire, ruë du Loup.
M. DCCV. In-12, 213 (15) pp.

(L) AMUSEMENS SERIEUX ET COMIQUES. *Cinquiéme Edition Augmentée.*
A AMSTERDAM, Aux depens d'ESTIENNE ROGER, Marchand Libraire, chez
qui l'on trouve un assortiment general de toute sorte de Musique
très exactement corrigée, & qu'il vendra toujours à meilleur
marché que qui que ce soit, quand même il devroit la donner pour
rien. M. D. C. C. IX. In-12, 108 (13) pp.

STEMMA : EDITIONS EXAMINEES PARUES DU VIVANT DE L'AUTEUR

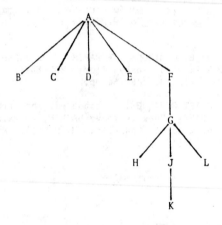

EDITIONS NON EXAMINEES

1699 - 1724

(Nous avons vérifié l'existence do cos éditions, bien que nous n'ayons pas pu les examiner. Il nous semble en revanche que l'édition non décrite qui aurait paru chez Barbin en 1700 et qui figura sur le catalogue no. 3 (1971) de la librairie Gillard à Paris, était en réalité celle de 1701; voir Moureau, op. cit., p.80.)

ENTRETIENS ou AMUSEMENS SERIEUX ET COMIQUES. Nouvelle Edition. Amsterdam, Estienne Roger, 1708. Petit in-12, 213 (15) pp. (Bibliothèque Municipale de Troyes).

ENTRETIENS ou AMUSEMENS SERIEUX ET COMIQUES. Par M. de Fontenelle de l'Académie Françoise. Suivant la Copie imprimée à Paris. Amsterdam, Estienne Roger, 1713. Petit in-12, 117 (13) pp. (Exemplaire en la possession de Monsieur F. Moureau).

AMUSEMENS SERIEUX ET COMIQUES. Quatrième Edition. Suivant la Copie imprimée à Paris, Luxembourg, André Chevalier, 1702. Petit in-12, 133 (11) pp. (Bibliothèque Municipale de Lyon).

AMUSEMENS SERIEUX ET COMIQUES. Nouvelle Edition. Suivant la Copie imprimée à Paris, Liège, Joseph-Louis de Milst, 1705. Petit in-12, 140 pp. (Bibliothèque Municipale de Lyon).

EDITIONS POSTHUMES

par ordre chronologique

Amusemens serieux et comiques, sixième edition augmentée, Amsterdam, Michel Charles Le Cène, 1629 (1729).

In: *Œuvres de Monsieur Rivière Du Frény,* Paris, Briasson, 1731, 6 vols; V.

Amusemens serieux et comiques, cinquième édition, Luxembourg, André Chevalier, 1731.

Amusemens serieux et comiques, Amsterdam, Henry Desbordes, 1734.

Amusemens serieux et comiques, par feu M. Rivière Dufresny, nouvelle édition, Paris, Briasson, 1739.

In: *Œuvres de Monsieur Rivière Du Fresny, Nouvelle Edition, corrigée & augmentée,* Paris, Briasson, 1747, 4 vols; IV.

Amusemens serieux et comiques; ou, Delassemens de l'esprit et du cœur, in *Amusemens de la campagne, de la cour et de la ville; ou, récréations historiques, anecdotes, secrettes et galantes,* Amsterdam, François L'Honoré et fils, 1747, 12 vols; XII.

Amusemens serieux et comiques, par feu M. Rivière Dufresny, Nouvelle Edition, Paris, Briasson, 1751.

Amusemens serieux et comiques pour servir de suite aux contes moraux de Marmontel, Amsterdam, Libraires Associés, 1771.

In: *Œuvres de Rivière Du Fresny, Nouvelle Edition, Corrigée & augmentée,* Paris, Barrois aîné, 1779, 4 vols; IV.

Petit Voyage dans le grand monde; ou, Amusemens serieux et comiques, Paris, Vatar-Jouannet, 1801.

In: *Œuvres choisies de Dufresny,* Paris, P. Didot l'aîné et Firmin Didot, Paris, 1810 (réimprimées 1811-1815), 2 vols; II.

In: *Œuvres choisies de Dufresny* (collection 'Nouvelle Bibliothèque des classiques français'), Paris, Librairie de Lecointe, 1830, 2 vols; II.

Entretiens ou amusements sérieux et comiques, par Rivière-Dufresny, publiés par D. Jouaust (collection 'Cabinet du bibliophile', 5), Paris, D. Jouaust, 1869.

Amusements sérieux et comiques, texte nouveau publié avec une introduction et des notes par Jean Vic ('Collection des chefs-d'oeuvre méconnus'), Paris, Bossard, 1921.

[Ch. Du Fresny]

AMUSEMENS

SERIEUX

ET

COMIQUES.

TROISIÈME EDITION.

A PARIS,

Chez PIERRE RIBOU, sur le Quay des Augustins, à la descente du Pont-Neuf, à l'Image S. Louis.

M. DCCVI.

Avec Approbation, & Privilege du Roy.

AMUSEMENS

SERIEUX

ET

COMIQUES.

Par M. DE FONTENELLE, de l'Académie Françoise.

A PARIS,

Chez CLAUDE BARBIN, au Palais, sur le second Perron de la Sainte-Chapelle.

M. DCCL.

Avec Privilege du Roy.

AMUSEMENS

SERIEUX

ET

COMIQUES.

A PARIS,

Chez JOSSE fils, rüe Saint Jacques, à la Fleur de Lys d'or.

M DCC XXIII.

Avec Privilege du Roy.

Pages de titre des rééditions autorisées

AMUSEMENS

SERIEUX

ET

COMIQUES.

Seconde édition, revûë, corrigée
& augmentée.

A PARIS,

Chez la Veuve BARBIN, au Palais,
fur le fecond Perron de la
Sainte Chapelle.

M. DCCVII.
Avec Privilege du Roy.

AMUSEMENS

SERIEUX

ET

COMIQUES.

par M. du frény.

Seconde édition, revûë, corrigée
& augmentée.

A PARIS,

Chez la Veuve BARBIN, au Palais,
fur le fecond Perron de la
Sainte Chapelle.

M. DCCVII.
Avec Privilege du Roy.

Pages de titre de l'édition de 1707

LA VIE ET L'ŒUVRE DE DUFRESNY[1]

Pendant longtemps les biographes qui se sont occupés de la vie de Dufresny ont répété la légende selon laquelle il aurait été l'arrière-petit-fils de Henri IV et de 'la belle jardinière d'Anet'. C'est ainsi qu'ils sont parvenus à expliquer comment les membres d'une famille qui n'était pas autrement distinguée ont pu faire partie de la Maison du Roi, et peut-être aussi pourquoi Louis XIV honora notre auteur d'une protection particulière[2]. Des recherches plus récentes ont mis en doute cette assertion, sans pourtant l'écarter définitivement. On a fait remarquer que le contrat de mariage de Charles (le prétendu bâtard et grand-père de l'auteur), datant du 11 juin 1627, désigne clairement comme ses parents Daniel Dufresny, 'marchand demeurant à Loudun' et Jeanne Naveau, sa femme. On a noté que la distance entre Loudun et Anet rend la filiation royale assez douteuse, bien que la date de naissance de Charles, 1602 au plus tard, ne l'exclue pas[3].

Ce Charles épousa Françoise Paris et en eut quatre enfants dont l'aîné, Paul, succéda à son père dans la charge de garçon ordinaire de la Chambre du Roi. Paul épousa Catherine Icharrat, et de leur union naquirent deux enfants: Hélène, qui devint religieuse, et Charles, le futur écrivain.

La date de naissance de notre auteur est incertaine. Selon Charles d'Alençon et le *Mercure*, il serait né en 1648, mais d'après son acte d'inhumation, il aurait eu soixante-dix ans en 1724[4]. Calame tend à accepter la date 1654 comme sa véritable date de naissance puisqu'en 1648 son père n'avait pas encore vingt ans, mais cette raison n'est pas concluante[5].

---

1 Nous ne cherchons pas à offrir ici une étude détaillée de la vie de Dufresny; nous nous bornons à en relever les éléments les plus importants, et à fournir une liste de ses ouvrages. Pour de plus amples précisions, l'on consultera les ouvrages signalés dans notre bibliographie.

2 Voir *Œuvres*, 1, 10, et A. de Valon, *Charles Dufresny, étude biographique et littéraire*, p.6.

3 Voir A. Calame, op.cit., p.652.

4 Voir *Œuvres*, 1, 9, où l'on trouve qu'il est mort à 75 ans, et le *Mercure*, VII, 2261, où on lui en donne 76. L'acte d'inhumation, conservé parmi les registres de la paroisse de Saint-Jean-en-Grève, fut détruit lors de la Commune de 1871, mais voir A. Jal, *Dictionnaire critique de biographie et d'histoire*, p.516.

5 Calame, op.cit., p.653.

Ayant succédé à son père dans la charge de garçon ordinaire de la
Chambre du Roi, qualité que lui donne l'état de 1677, Dufresny passa
les onze années suivantes dans la Maison Royale, mais cessa de figurer
sur les états à partir de 1688, date qui coïncide à peu près avec ses
débuts littéraires.

Il se maria le 9 février 1682 avec Catherine Perdreau, fille de
Marie Elisabeth Bacot et de feu Maître Nicolas Perdreau, qui avait
occupé la charge de greffier criminel au Parlement. Née aux environs
de 1660, Catherine apporta comme dot à Dufresny une rente de 2.000
livres et six maisons à Paris, à laquelle vinrent s'ajouter des dons
de la part de la mère et de la grand-mère de Dufresny. Ils eurent
trois enfants: Louis (né en 1682), Sophie-Angélique (1685) et Gaspard
(1686). Catherine mourut en 1688. Selon Calame, la mésentente
notoire qui marqua ce mariage aurait eu des causes financières liées à
la prodigalité du mari(6). On a parlé d'un second mariage, avec une
blanchisseuse cette fois, qui aurait eu lieu en 1690, mais rien ne
confirme cette rumeur (7).

La production littéraire de Dufresny est considérable. Sur la
fin de sa vie, il travailla à remanier plusieurs de ses anciennes
pièces, et à mettre en vers celles qui avaient d'abord été écrites en
prose. Peu de temps avant sa mort, qui eut lieu le 6 octobre 1724,
ses enfants l'engagèrent, par sentiment de piété, à brûler tous les
manuscrits qui lui restaient. Ils poussèrent le zèle jusqu'à
réclamer au Théâtre Français les manuscrits qu'on y détenait toujours,
mais leur demande rencontra un refus. Furent cependant perdues les
pièces suivantes:

Les Vapeurs; La Joueuse (en vers*); Le Superstitieux; L'Epreuve;
Le Valet maître.*

Selon d'Alençon une suite des *Amusements,* promise dans l'édition de
1707, fut brûlée également(8).

[6] Ibid., p.654.

[7] Voir, par exemple, *Œuvres,* I, 21-22; Lesage, *Le Diable boiteux,* in
Romanciers du XVIIIᵉ siècle, I, 377; Voisenon, *Anecdotes littéraires,*
p. 41-42; Valon, op.cit., p. 20-21. Cf. Jal, op. cit., p.516; et
Calame, op. cit., p.655.

[8] Voir le premier *Amusement* de l'édition de 1707 et *Œuvres,* I, 24.

Chronologie des œuvres

I - THEATRE ITALIEN

I692   *L'Opéra de campagne; L'Union des deux opéra, ou Vénus
        justifiée; Les Chinois* (en collaboration avec Regnard).

I693   *Les Adieux des officiers; Les Mal-assortis; La Baguette de
        Vulcain* (en collaboration avec Regnard).

I694   *Le Départ des comédiens.*

I695   *Attendez-moi sous l'orme; La Foire Saint-Germain* (en
        collaboration avec Regnard).

I696   *Les Momies d'Egypte* (en collaboration avec Regnard).

I697   *Les Fées, ou les contes de ma mère l'oie* (en collaboration avec
        Louis Biancolelli); *Pasquin et Marforio, médecins des mœurs*
        (en collaboration avec Louis Biancolelli).

2 - THEATRE FRANÇAIS

I692   *Le Négligent.*

I694   *Sancho Pança* (perdu).

I697   *Le Chevalier joueur.*

I699   *La Noce interrompue; La Malade sans maladie.*

I700   *L'Esprit de contradiction.*

I702   *Le Double veuvage.*

I703   *Le Faux Honnête Homme.*

I707   *Le Faux Instinct.*

I708   *Le Jaloux honteux.*

I709   *L'Amant masqué* (perdu) (9); *La Joueuse.*

I7I5   *Le Lot supposé, ou la coquette de village.*

9 Selon la notice nécrologique parue dans le *Mercure* (VII, 2265) et
l'Avertissement de d'Alençon (p.26), il existait une autre pièce de
Dufresny intitulée *Le Portrait,* qui a pu être la même que *L'Amant
masqué.* Une autre comédie, *Les Dominos,* présentée aux comédiens
français en 1721 ou 1722 mais jamais représentée, a été retrouvée
et publiée par Jean Vic; voir la *Revue du XVIIIe siècle* IV (1916),
p.289-334.

1719   *Le Dédit; La Réconciliation normande.*

1721   *Le Mariage fait et rompu.*

(1731   *Le Faux Sincère).*

3 - AUTRES

1699   *Amusements sérieux et comiques.*

1710   Editeur du *Mercure* (De nombreux opuscules qui avaient figuré
        d'abord dans le *Mercure* furent réimprimés dans les tomes III
        et IV des *Œuvres*, édition de 1747.)

1721   Obtient un nouveau privilège pour le *Mercure* mais ne semble pas
        avoir joué un rôle actif dans sa rédaction.

PRINCIPES DE L'EDITION

L'on a tenu à reproduire le plus exactement possible le texte de l'exemplaire de l'édition originale que détient la British Library (I48I.aa.I2). La ponctuation en a été scrupuleusement respectée, sauf en deux sortes d'occasions: on a inséré le trait d'union lorsqu'il manquait entre un pronom et 'même' et entre un verbe et son sujet pronominal lorsqu'ils sont inversés, et on a supprimé le point d'interrogation aux endroits où il était employé abusivement. L'orthographe de l'édition originale a été également respectée de façon à laisser subsister certaines formes maintenant désuètes mais admissibles sinon courantes au dix-septième siècle, telles que *dequoy ausquels, sur tout* et *quoi que* (pour *quoique*). Un petit nombre d'irrégularités dont on ne peut pas affirmer que ce soient des erreurs a été aussi maintenu; par exemple: *enuyer, interromp, promt.*

Les leçons proposées dans l'Errata de Dufresny, que l'on réimprime à titre d'information, ont été incorporées dans le texte de la présente édition. Tout en cherchant à rectifier des erreurs pour la plupart insignifiantes, Dufresny avait maintenu dans son texte un certain nombre de fautes évidentes; on les trouvera signalées dans notre Errata, avec le sigle des éditions postérieures dans lesquelles elles sont reproduites indiqué entre parenthèses.

Les révisions que Dufresny apporta à son texte primitif au cours de la préparation de l'édition augmentée de I707 portent, à l'exception d'un petit nombre de variantes de mots, sur les cinq premiers *amusements*. Comme l'a très justement remarqué Jean Vic, le nombre et l'importance de ces révisions vont diminuant(I). Ainsi, à partir de son troisième paragraphe le premier *amusement* se trouve-t-il presque entièrement refondu, tandis que la révision du cinquième se réduit à la simple addition d'une phrase. Offrir un à un au lecteur les paragraphes intercalés, les transpositions des paragraphes originaux et les variantes de mots qui composent la refonte du premier *amusement* semblait imposer à qui voudrait lire la nouvelle version une tâche des plus fastidieuses. Aussi a-t-on préféré reproduire en entier le texte de la nouvelle édition parmi les variantes. A partir du deuxième *amusement* le cas est généralement beaucoup plus simple. Puisqu'il ne s'agit là que de mots changés et de phrases intercalées dans le texte primitif, l'on s'est borné à les signaler selon le procédé adopté pour toutes les autres variantes.

Les variantes sont réparties en trois groupes: celles des rééditions autorisées du texte primitif, B, C et D; celles de l'édition augmentée de I707 (E); et celles des contrefaçons hollandaises, F, G, H, J, K et L. Ces dernières sont offertes uniquement parce que ces éditions sont les plus répandues dans les grandes collections. Pour désigner ces trois groupes on a utilisé respectivement les caractères *a, b* et *c* dans le texte de la présente édition. Parmi les variantes sont signalées aussi les lacunes que présentent certaines éditions dont

---

[1] *Amusements*, p. 23-25.

le sens se trouve obscurci en conséquence.

Les notes sont indiquées dans le présent texte par un astérisque.
L'on n'y offre qu'un minimum d'éclaircissements linguistiques,
sociologiques et littéraires, pour ne pas alourdir ce texte par des
informations que le lecteur de Dufresny aurait déjà recueillies
ailleurs.

Les numéros des pages de l'édition originale sont indiqués en
marge de celle-ci, et la transition d'une page à l'autre de l'édition
originale, lorsqu'elle ne coïncide pas avec un nouveau paragraphe, est
marquée par un trait oblique. Dans les cas où un mot se trouvait ainsi
coupé, le trait d'union de l'édition originale a été supprimé. C'est
aux numéros de page de l'édition originale que se rapportent les notes
et les variantes.

AMUSEMENS
SERIEUX
ET
COMIQUES.

A PARIS,
Chez CLAUDE BARBIN, au Palais,
fur le fecond Perron de la
Sainte-Chapelle.

M. DC. XCIX.
Avec Privilege du Roy.

2

Extrait du Privilege du Roy

Par grace & Privilege du Roy, donné à Versailles le onziéme Juillet 1698. signé, Par le Roy en son Conseil, BECHET, & scelé; Il est permis à CLAUDE BARBIN Marchand Libraire à Paris, de faire imprimer, vendre & debiter un Livre intitulé, *Amusemens serieux & comiques,* pendant le temps de six années consecutives; avec défenses à tous Imprimeurs, Libraires & autres, d'imprimer, faire imprimer, vendre ni debiter ledit Livre sans son consentement, sur les peines & ainsi qu'il est plus au long porté par lesdites Lettres de Privilege.

Registré sur le Livre de la Communauté des Imprimeurs & Libraires de Paris, le 10. Novembre 1698.

Signé C. BALLARD, Sindic.

Achevé d'imprimer pour la premiere fois le 6. Decembre 1698.

AMUSEMENS
SERIEUX
ET
COMIQUES

PREMIER

AMUSEMENT

P R E F A C E[b]

[2] Le Titre que j'ay choisi me met en droit de faire une Preface aussi longue qu'il / me plaira; car une longue Preface est un veritable amusement.

J'en ay pourtant vû de tres-necessaires pour l'intelligence du Livre; mais la pluspart, au lieu de mettre l'Ouvrage en jour[a,c], n'y mettent que la vanité de l'Ouvrier.

[3] Un bon General d'Armée est moins embarrassé à la tête de ses Troupes, qu'un mauvais Auteur à la tête de ses Ecrits. Celuy-cy ne sçait quelle con/tenance tenir : s'il fait le fier, on se plaît à rabatre la fierté; s'il affecte de l'humilité, on le méprise: s'il dit que son sujet est merveilleux, on n'en croit rien; s'il dit que c'est peu de chose, on le croit sur sa parole: Ne parlera-t-il point du tout de son Ouvrage? La dure necessité pour un Auteur!

[4] Je ne sçay si mon Livre réüssira; mais si on s'amuse à le critiquer, on se sera amusé à le / lire, & mon dessein aura réüssi.

J'ay donné aux idées qui me sont venuës, le nom d'Amusemens: Ils seront serieux ou comiques[c], selon l'humeur où je me suis trouvé en les écrivant; & selon l'humeur où vous serez en les lisant, ils pourront vous divertir, vous instruire, ou vous ennuyer.

[5] L'autre jour un de ces esprits forts qui croyent que c'est une foiblesse de / rire, trouva un de mes Exemplaires sous sa main*: à l'ouverture du Livre, il fronça le sourcil: Que je suis indigné de ce Titre, s'écria-t-il d'un ton chagrin! N'est-ce pas profaner le serieux, que de le mêler avec du comique? Quelle bigarure!

Cette bigarure, luy répondis-je, me paroît assez naturelle: si l'on examine bien les actions & les discours des Hommes, on

[6] trouvera que le serieux & le comique y sont fort / proches voisins:
On voit sortir de la bouche d'un bon Comique les Maximes les plus
serieuses; & tel qui affecte d'être toûjours serieux, est plus
comique qu'il ne pense.

Mon Homme poussa plus loin sa remontrance: N'avez-vous
point de honte, continua-t-il, de faire imprimer des amusemens?
Ne sçavez-vous pas que l'Homme est fait pour s'occuper, & non pas
pour s'amuser? A cela voicy ma réponse.

[7]   Tout est amusement dans la vie; la vertu seule merite d'être
appellée occupation*: S'il n'y a que ceux qui la pratiquent qui
se puissent dire veritablement occupez, qu'il y a de gens oisifs
dans le monde!

Les uns s'amusent par l'ambition, les autres par l'interest,
les autres par l'amour; les Hommes du commun par les plaisirs, les
[8] grands Hommes par la gloire, & moy je m'amuse / à considerer que
tout cela n'est qu'amusement.

Encore une fois, tout est amusement dans la vie; la vie même
n'est qu'un amusement, en attendant la mort.

Voila du serieux, j'en ay promis; mais passons vîte au comique.

Je voudrois écrire, & je voudrois être original: Voilà une
[9] idée vraiment comique, me dira ce sçavant Traducteur, & je / trouve
fort plaisant que vous vous avisiez de vouloir être original en ce
tems-cy: Il falloit vous y prendre dés le tems des Grecs; les
Latins même(c) n'ont été que des copies.

Ce discours me décourage. Est-il donc vray qu'on ne puisse
plus rien inventer de nouveau? Plusieurs Auteurs me le disent: si
Monsieur de la Roche-Foucaut & Monsieur Pascal me l'eussent dit, je
le croirois.

[10]   Celuy qui peut imaginer vivement, & qui pense juste, est
original dans les choses mêmes qu'un autre a pensées avant luy: par
le tour naturel qu'il y donne, & par l'application nouvelle qu'il en
fait, on juge qu'il les eût pensées avant les autres, si les autres
ne fussent venus qu'aprés luy.

Les Pensées de Monsieur de la Roche-Foucaut & de Monsieur Pascal,
[11] sont autant de brillans d'esprit / mis en œuvre par le bon goût &
par la raison: à force de les retailler pour les déguiser, les petits
ouvriers les ternissent; mais tout ternes(c) qu'ils sont, on ne laisse
pas de les reconnoître; & ils effacent encore tous les faux brillans
qui les environnent.

Ceux qui dérobent chez les Modernes, s'étudient à cacher leurs
larcins; ceux qui dérobent chez les Anciens, en font gloire. Mais
[12] pourquoy ces derniers mé/prisent-ils tant les autres? Il faut encore
plus d'esprit pour bien déguiser une Pensée de Pascal, que pour bien

traduire un passage d'Horace.

Aprés cela, je conviens que quelque genie qu'on ait, il est impossible de bien écrire pour son siecle, qu'aprés s'être formé l'esprit sur les Anciens, & le goût sur les Modernes*.

[13] Cela ne suffit pas, s'écrie mon Sçavant, il faut être tout plein de l'antiquité; / il faut travailler à force d'érudition; il faut puiser dans les sources. Je vous entens, il faut piller, vous ne l'osez dire; hé-bien, je le dis pour vous, il faut piller; mais je ne pilleray ni dans les Livres anciens, ni dans les Livres modernes; je ne veux piller que dans le Livre du Monde.

[14] Le Monde est un Livre ancien & nouveau: de tous tems(c) l'homme & ses passions en ont fait le sujet; ces passions(a) y sont toû/jours les mêmes: mais elles y sont écrites differemment, selon la difference des siecles; & dans un même siecle chacun les lit differemment, selon le caractere de son esprit, & l'étenduë de son genie.

[15] Ceux qui ont assez de talent pour bien lire dans le Livre du Monde, peuvent être utiles au Public, en luy communiquant le fruit de leur lecture; mais ceux qui ne sçavent le monde que par les Livres, / ne le sçavent point assez pour en faire des leçons aux autres.

Quelle difference entre ce que les Livres disent des hommes, & ce que les hommes font!

[16] Si le monde est un Livre qu'il faut lire en original, on peut dire aussi que c'est un païs, qu'on ne peut ni connoître(c) ni faire connoître aux autres, sans y avoir voyagé soy-même. J'ay commencé ce voyage bien jeune; j'ay / toûjours aimé à faire des reflexions sur tout ce que j'y ay vû(c): Je me suis amusé à faire ces reflexions, je m'amuse à les écrire; je souhaite que vous vous amusiez à les lire.

[17]

AMUSEMENT

SECOND

LE VOYAGE
DU MONDE

Il n'y a guere d'amusement plus agreable, ni plus utile que le
voyage^(b): Si quelqu'un veut voyager avec moy par le monde^(b), c'est
à dire parcourir à peu prés^(b) tous les états de la vie, qu'il me
[18] suive, je vais en 7 faire une relation en stile de voyage: cette
figure m'est venuë naturellement, je la suivray.

Par où commencer ce grand voyage? Que de païs se presentent à
mon imagination! Celuy de tous qui peut donner les plus fines leçons
de la science du monde, c'est la Cour: arrêtons-nous-y un moment[.]

LA COUR

[19]   La Cour est un païs tres-amusant. On y respire le / bon air;
les avenuës en sont riantes, d'un abord agreable^(b), & aboutissent
toutes à un seul point.

La Fortune de Cour paroît nous attendre au bout d'un grand
chemin ouvert à tout le monde; il semble qu'on n'ait qu'à y mettre
le pied pour parvenir^(c): cependant on n'arrive à ses fins^(c) que par
des chemins couverts & de traverse^(c), disposez de maniere que la
voye la plus droite n'est pas toûjours la plus courte.

[20]   Je ne sçais si le terrain de la Cour est bien solide; j'ay vû
des nouveaux débarquez y marcher avec confiance, & de vieux routiers
n'y marcher qu'en tremblant.

C'est un terrain haut & bas, où tout le monde cherche l'élevation:
Mais pour y arriver, il n'y a qu'un seul sentier; & ce sentier est si
étroit, qu'un ambitieux ne sçauroit y faire son chemin sans renverser
l'autre.

[21]   Le malheur est que ceux qui sont sur leurs pieds, ne relevent
guere ceux qui sont tombez; car le genie des Courtisans, c'est de ne
rien donner à ceux qui ont besoin de tout, & de donner tout à ceux^(a)
qui n'ont besoin de rien^(b).

Malgré les difficultez qui se rencontrent en ce païs^(b), on y
va loin quand on est conduit par le vray merite; la difficulté, c'est
[22] de le faire distinguer. Il y en a tant de faux! Celuy / même qui
s'y connoît le mieux, s'y trouve quelquefois bien embarassé: tel
pour échaper à son discernement, se couvre d'une recommandation
étrangere, & ne paroît qu'à l'abry d'un patron; en sorte qu'un homme
est toûjours caché derriere un autre homme.

On anonce un nouveau venu, on le prône, on dispose tout pour

luy & sans luy: il n'agit ny ne parle; c'est un homme sage, dit-on.
[23] En effet, il y a de la / sagesse dans sa modestie & dans son silence;
car pour peu qu'il eût agi ou parlé, on eût connu qu'il n'est qu'un
sot.

C'est ainsi que l'habileté des uns fait la fortune des autres:
Et si quelqu'un brille par son propre merite, aussi-tôt pour en
offusquer l'éclat, la médisance éleve ses plus épais nuages, & l'envie
ses plus noires vapeurs; en sorte que la vertu ne paroît plus vertu,
[24] le vice ne paroît plus vice, tout est con/fondu. Dans cette affreuse
obscurité le Soleil paroît, penetre tout, voit & fait voir les objets
tels qu'ils sont: c'est alors que l'on rend justice; c'est alors qu'on
peut dire que l'honnête homme est heureux quand on se ressouvient[c],
& le scelerat quand on oublie[c].

En voyageant dans le païs de la Cour, j'ay remarqué que l'oisiveté
regne parmi ses habitans; je ne parle que du peuple, car les Grands &
[25] ceux qui / travaillent à le devenir, ont des affaires de reste; le
manege de Courtisan est un travail plus penible qu'il ne paroît.

A l'égard des subalternes, ramper & demander, c'est tout leur
manege, & leurs longs services font tout leur merite.

J'excepte quelques Officiers, qui sans bassesse & sans manege,
bornent leur ambition à bien servir le Maître, & vivent tranquiles[c]
[26] dans cette mediocrité* / d'état où l'on trouve ordinairement le vray
merite.

Dans cet état mediocre que je mets entre le peuple & les grands
Seigneurs, on peut être poly sans fourberie, & franc sans grossiereté:
on peut n'avoir ni la bassesse du peuple, ni la hauteur des Grands; en
un mot, on peut être ce qu'on appelle un galant homme*.

En faisant le portrait d'un galant homme de condition mediocre,
[27] je fe/rois insensiblement celuy d'un grand Seigneur aimable; tant il
est vray que malgré la difference du rang, un honnête homme ressemble
toûjours à un honnête homme.

Les Courtisans de la premiere classe, sacrifient tous également
leur vie & leur repos; les uns, par principe d'honneur & de vertu, se
sacrifient parce qu'ils sont utiles à la Cour; les autres, parce que
la Cour leur est utile[a].

[28] Ces derniers sont les plus acharnez à la fortune: J'en ay
connu un, qui à soixante & quinze ans commençoit à prendre des mesures
pour se retirer. J'ay beaucoup travaillé, disoit-il, & je n'ay
travaillé que pour avoir le moyen de vivre en repos; j'espere bien
me reposer dans quelques années. Je dirois volontiers que ceux de ce
caractere travaillent jusqu'à la mort, pour se reposer le reste de
leur vie [b].

[29] Quoy que le Courtisan & le Petit-Maître* soient d'un même païs,
ils ont neanmoins des moeurs toutes differentes.

Le Courtisan s'étudie à cacher son déreglement sous des dehors reglez*(b)*.

Le *Petit-Maître* fait vanité de paroître encore plus déreglé qu'il n'est.

[30] L'un pense beaucoup avant que de parler; l'autre*(b)* parle beaucoup & ne / pense gueres.

L'un court aprés la fortune, l'autre croit que la fortune doit courir aprés luy*(b)*.

[31] Les Courtisans caressent ceux qu'ils méprisent, leurs embrassades servent à cacher leur mépris*(a)*; quelle dissimulation! Les *Petits-Maîtres* sont plus sinceres; ils ne cachent ni leur amitié, ni leur mépris: la maniere dont ils vous abordent tient de l'un & de l'autre, & leurs embras/sades sont ordinairement moitié caresses, moitié coups de poing*(c)*.

Le langage courtisan est uniforme, toûjours poli, flateur, insinuant*: le langage *Petit-Maître* est haut & bas, mêlé de sublime & de trivial, de politesse & de grossiereté*(b)*.

En sortant de la Cour, entrons dans Paris, nous y trouverons dequoy nous y amuser long-temps; la vie d'un homme ne suffit pas pour en achever le voyage.

[32] # AMUSEMENT

TROISIEME

P A R I S

Paris est un monde entier; on y découvre chaque jour plus de
païs nouveaux(c) & de singularitez surprenantes, que dans tout le
reste de la Terre: on distingue dans les Parisiens seuls tant de
[33] Nations, de mœurs & de coûtumes differentes, que / les Habitans
mêmes en ignorent la moitié(b). Imaginez-vous donc combien un
Siamois y trouveroit de nouveautez surprenantes; quel amusement ne
seroit-ce point pour luy, d'examiner avec des yeux de voyageur
toutes les particularitez de cette grande Ville? Il me prend envie
de faire voyager ce Siamois avec moy; ses idées bigeares* & figurées
me fourniront sans doute de la varieté(b), & peut-être de l'agrément.

[34] Je vais donc prendre le genie d'un voyageur Siamois, qui n'auroit
jamais rien vû de semblable à ce qui se passe dans Paris: nous verrons
un peu de quelle maniere il sera frapé de certaines choses que les
prejugez de l'habitude nous font paroître raisonnables & naturelles.

Pour diversifier le stile de ma relation, tantôt je feray parler
[35] mon voyageur, tantôt je parleray moy-même: j'entreray dans les / idées
abstraites* d'un Siamois; je le feray entrer dans les nôtres: enfin,
supposant que nous nous entendons tous deux à demy mot, je donneray
l'essort* à mon imagination & à la sienne. Ceux qui ne voudront pas
prendre la peine de nous suivre, peuvent s'épargner celle de lire le
reste de ce Livre; mais ceux qui cherchent à s'amuser, doivent un
peu se prêter au caprice de l'Auteur.

[36] Je suppose donc que / mon Siamois tombe des nuës, & qu'il se
trouve dans le milieu de cette Cité vaste & tumultueuse, où le
repos & le silence ont peine à regner pendant la nuit même; d'abord
le cahos bruyant de la ruë Saint Honoré l'étourdit & l'épouvante, la
tête luy tourne.

Il voit une infinité de machines differentes que des hommes font
mouvoir; les uns sont dessus, les autres dedans, les autres derriere:
[37] ceux-cy / portent, ceux-là sont portez; l'un tire, l'autre pousse;
l'un frape, l'autre crie; celui-cy s'enfuit, l'autre court aprés. Je
demande à mon Siamois ce qu'il pense de ce spectacle: J'admire & je
tremble, me répond-il; j'admire que dans un espace si étroit, tant
de machines & tant d'animaux dont les mouvemens sont opposez, ou
differens, soient ainsi agitez sans se confondre; se démêler d'un tel
embaras, c'est un chef-d'œuvre de l'adresse des François. Mais leur
[38] te/merité me fait trembler, quand je vois qu'à travers tant de roües,
de bêtes brutes & d'étourdis, ils courent sur des pierres glissantes
& inégales, où le moindre faux pas les met en peril de mort*.

En voyant vôtre Paris, continuë ce Voyageur abstrait, je
m'imagine voir un grand animal; les ruës sont autant de veines où
le peuple circule; quelle vivacité que celle de la circulation de

[39] Paris! Vous voyez, luy dis-je, cette / circulation qui se fait dans
le cœur de Paris, il s'en fait une encore plus petillante dans le
sang des Parisiens; ils sont toûjours agitez & toûjours actifs; leurs
actions se succedent avec tant de rapidité, qu'ils commencent mille
choses avant que d'en finir une, & en finissent mille autres avant
que de les avoir commencées.

[40] Ils sont également incapables & d'attention & de patience; rien
n'est plus promt* que l'effet de l'oüie / & de la vûë, & cependant
ils ne se donnent le temps ni d'entendre ni de voir$^{(b)}$.

Les Parisiens n'ont de veritable attention que sur le plaisir,
& sur la commodité; ils y rafinent tous les jours: quel rafinement
de commodité* n'a-t-on point inventé depuis peu? Les logemens, les
meubles, les voitures, la societé, tout y est commode, jusques à
l'amour.

[41] Mais commençons à entrer dans le détail de Paris, / vous y
verrez plus distinctement que dans le general, la singularité de
cette Ville, de ses Habitans, & de leurs mœurs.

[42]

AMUSEMENT

QUATRIEME

LE PALAIS

Dans le milieu de Paris, s'éleve un superbe édifice ouvert à
tout le monde, & cependant presque fermé*(b)* par l'affluence des gens
qui s'empressent d'y entrer & d'en sortir.

[43] On monte par plusieurs / degrez dans une grande Sale, où*(b)* mon
Siamois est étonné de voir dans un même lieu les hommes amusez d'un
côté par des *Babioles,* & de l'autre occupez par la crainte des
Jugemens d'où dépendent toutes les destinées.

Dans cette Boutique on vend un ruban; dans l'autre Boutique on
vend une Terre par decret: vous entendez à droite la voix argentine
d'une jolie Marchande, qui vous invite d'aller à elle; & à gauche /
[44] la voix rauque d'un Huissier qui fait ses criées; quel contraste*!

Pendant que le Voyageur fait ses reflexions sur cette
bizarerie, il est épouvanté par la lugubre apparition d'une multitude
de têtes noires & cornuës, qui forment en se réünissant un monstre
épouventable, qu'on appelle Chicanne*(b)*; & ce monstre mugit un langage
si pernicieux, qu'un seul mot suffit pour desoler des familles entieres.

[45] A certaines heures reglées, il paroist un homme grave & intrepide,
dont l'aspect seul fait trembler, & dompte ce monstre. Il n'y a point
de jour qu'il n'arrache de sa gueule beante quelque succession à
demy devorée.

La chicanne est plus à craindre que l'injustice même. L'injustice,
ouverte en nous ruinant, nous laisse au moins la consolation d'avoir
[46] droit de nous plaindre; mais la chicanne / par ses formalitez nous
donne le tort en nous ôtant nôtre bien.

La Justice est, pour ainsi dire, une belle Vierge, déguisée &
produite par le Plaideur, poursuivie par le Procureur, cajolée par
l'Avocat, & défenduë par le Juge.

Nous voila déja dans les digressions, me dira le Critique. Le
Critique a tort, car les digressions sont précisément de mon sujet,
[47] puisqu'elles sont des amu/semens. Cela est si vray, que je vais
continuer.

Par forme de digression, je vous avertis que dans tous les
endroits de mon voyage où le Siamois m'embarassera, je le quitteray
comme je viens de faire, pour m'amuser dans mes reflexions, sauf à
le reprendre quand je m'ennuyray de voyager seul. Je pretens quitter
aussi l'idée de voyage toutes les fois qu'il m'en prendra fantaisie:
[48] car bien loin de m'assujettir à suivre toû/jours une même figure, je
voudrois pouvoir à chaque periode changer de figure, de sujet, & de
stile, pour ennuyer moins les Lecteurs du temps; car je sçais que
la varieté est le goût dominant.

[49] Quoyqu'il n'y ait rien de durable dans le monde, on remarque neanmoins au Palais une chose éternelle, c'est le procés; certains ministres de la chicanne s'appliquent à le perpetuer, & se font entre-eux une religion d'entre/tenir l'ardeur des Plaideurs, comme les Vestales s'en faisoient une entre-elles d'entretenir le feu sacré.

Une chose étonnante, c'est que malgré le bruit épouventable qui se fait autour des Tribunaux, on ne laisse pas d'y dormir: Plût au Ciel, lorsqu'on y decide un procés, que les anciens Juges fussent bien éveillez, & les jeunes bien endormis!

[50] Ils sont cependant tous / assez équitables(b); l'embaras c'est de pouvoir les bien instruire d'une affaire: comment s'y prendre? La Partie leur est suspecte, le Factum* les endort(c), le Procureur les embrouïlle, l'Avocat les étourdit, le Solliciteur les importune, & la Solliciteuse les distrait; à toutes risques* j'aimerois mieux la Solliciteuse.

[51] Un de mes amis se vantoit que la plus charmante femme du monde, ne pourroit jamais luy faire oublier qu'il étoit Juge. Je / vous croy, luy répondis-je; mais tout Magistrat est homme avant que d'être Juge. Le premier mouvement est pour la Solliciteuse, le second est pour la Justice(b).

Une Comtesse assez belle pour prévenir en faveur d'un mauvais procés, le Juge le plus austere, fut solliciter pour un Colonel, contre un Marchand.

[52] Ce Marchand étoit alors dans le Cabinet de son Juge, qui trouvoit son affaire / si claire & si juste, qu'il ne put s'empêcher de luy promettre gain de cause.

A l'instant même la charmante* Comtesse parut dans l'antichambre; le Juge courut au devant d'elle; son abord, son air, ses yeux(a), le son de sa voix, tant de charmes enfin le solliciterent, qu'en ce premier moment il fut plus homme que Juge, & il promit à la belle Comtesse que le Colonel gagneroit sa cause. Voila le Juge engagé des deux côtez.

[53] En rentrant / dans son Cabinet il trouva le Marchand desolé: Je l'ay vûë, s'écria le pauvre homme hors de luy-même, je l'ay vûë, celle qui sollicite contre moy; qu'elle est belle! ah, Monsieur, mon procés est perdu! Mettez-vous à ma place(c), répond le Juge encore tout interdit, ay-je pû luy refuser ce qu'elle me demandoit? En disant cela, il tira d'une bourse cent pistoles; c'étoit à quoy pouvoient monter toutes les pretentions du Marchand; il luy donna les cent pistoles. / La Comtesse

[54] sçut la chose; & comme elle étoit vertueuse jusqu'au scrupule, elle craignit d'avoir trop d'obligation à un Juge si genereux, & luy renvoya(b) sur l'heure les cent pistoles. Le Colonel aussi galand que la Comtesse étoit scrupuleuse, luy rendit les cent pistoles; & ainsi chacun fit ce qu'il devoit faire. Le Juge craignit d'être injuste, la Comtesse craignit d'être reconnoissante, le Colonel paya, & le Marchand fut payé.

[55]   Voulez-vous sçavoir mon veritable sentiment sur le procedé de
ce Juge; son premier mouvement a été pour la Solliciteuse, c'est ce
que je n'ose luy pardonner; son second mouvement a été pour la Justice,
c'est ce que j'admire.

        Pendant que je me suis amusé, mon Voyageur s'est perdu dans le
Palais; allons le chercher: je l'apperçois dans la grande Sale, je
[56] l'appelle, il veut ve/nir à moy; mais l'haleine luy manque, la foule
l'étouffe, le courant l'emporte, il nage des coudes pour se sauver:
Il m'aborde enfin; & pour toute relation de ce qu'il vient de voir,
il s'écrie: ô le maudit païs! sortons-en vîte pour n'y jamais
rentrer*(b)*.

        Allons, luy dis-je, allons nous reposer; & pour nous faire perdre
l'idée du Palais, nous irons ce soir au charmant païs de l'Opera.

[57]

AMUSEMENT

CINQUIEME

L'OPERA

Quatre heures sonnent, allons à l'Opera; il nous faut au moins
une heure pour traverser la foule qui en assiege la porte.

[58] Vous parlez mal, me dît mon Siamois, on ne doit point dire la
porte de l'O/pera; & selon l'idée magnifique que je me suis faite de
l'Opera, on n'y doit entrer que par un Portique superbe.

En voicy l'entrée, luy répondis-je, en luy montrant du doigt un
guichet fort sombre. Et où donc, s'écria-t-il? je ne voy là qu'un
petit trou dans un mur, par où on distribuö$^{(a)}$ quelque chose.
Avançons, que veut dire cecy? quelle folie, donner un Louïs d'or
[59] pour un morceau de quarton*! Mais je ne m'é/tonne plus qu'on l'achete
si cher, j'apperçois sur ce quarton des caracteres qui ont apparemment
quelque vertu magique.

Vous ne vous trompez pas tout à fait, luy dis-je, c'est un
passeport pour entrer dans le païs des enchantemens: entrons-y donc
vîte, & plaçons-nous sur le Theatre. Sur le Theatre, repartit mon
Siamois, vous vous moquez*; ce n'est pas nous qui devons nous dónner
[60] en spectacle$^{(b)}$, nous venons pour le voir. N'im/porte, luy dis-je,
allons nous y étaler: on n'y voit rien, on y entend mal; mais c'est
la place la plus chere, & par consequent la plus honorable$^{(c)}$.
Cependant comme vous n'avez point encore d'habitude$^{(a)}$ à l'Opera, vous
n'auriez pas sur le Theatre cette sorte de plaisir qui dédommage de
la perte du spectacle. Suivez-moy dans une loge: en attendant qu'on
leve cette toile, je vais vous dire un mot des païs qu'elle nous cache.

[61] L'Opera est, comme je vous l'ay déja dit, un sejour enchanté;
c'est le païs des metamorphoses: on y en voit des plus subites; là
en un clein d'œil, les hommes s'érigent en demy-dieux, & les déesses
s'humanisent; là le Voyageur n'a point la peine de courir le païs,
ce sont les païs qui voyagent à ses yeux; là sans sortir d'une place,
on passe d'un bout du monde à l'autre, & des Enfers aux Champs Elisées:
[62] vous ennuyez-vous dans un affreux / desert? un coup de sifflet vous
fait retrouver dans le païs des Dieux; autre coup de sifflet, vous
voïlà dans le païs des Fées.

Les Fées$^{(c)}$ de l'Opera enchantent comme les autres; mais leurs
enchantemens sont plus naturels, au vermillon* prés.

Quoy qu'on ait fait depuis quelques années quantité de contes
sur les Fées du temps-passé, on en fait encore davantage sur les Fées
[63] de l'Opera; ils / ne sont peut-être pas plus vrais, mais ils sont
plus vrais-semblables.

Celles-cy sont naturellement bienfaisantes; cependant elles
n'accordent point à ceux qu'elles aiment le don des richesses, elles

le gardent pour elles.

Disons un mot des Habitans naturels du païs de l'Opera; ce
sont des peuples un peu bigeares: ils ne parlent qu'en chantant,
[64] ne marchent qu'en dansant, & font souvent l'un / & l'autre lorsqu'ils
en ont le moins d'envie.

Ils relevent tous du souverain de l'Orquestre, Prince si absolu,
qu'en haussant & baissant un Sceptre en forme de roulau qu'il tient à
sa main$^{(c)}$, il regle tous les mouvemens de ce peuple capricieux.

Le raisonnement est rare parmi ces peuples; comme ils ont la
tête pleine de Musique, ils ne pensent que des chants$^{(c)}$, & n'expriment
[65] que des sons; ce/pendant ils ont poussé si loin la science des Notes,
que si le raisonnement se pouvoit noter, ils raisonneroient tous à
livre ouvert$^{(b)}$.

AMUSEMENT

SIXIEME

LES PROMENADES

Nous avons à Paris deux sortes de promenades; dans les unes, on va pour voir & pour être vû; dans les autres, pour ne voir ni n'être vû de personne.

[67]   Les Dames qui ont l'inclination solitaire, cher/chent volontiers les routes écartées du Bois de Boulogne*, où elles se servent mutuellement de guide(b) pour s'égarer.

Les détours de ce Bois sont si trompeurs, que les meres les plus experimentées s'y perdent quelquefois en voulant retrouver leurs filles.

Du Bois de Boulogne on vient dans le Cours*; c'est une Forest [68] en Galerie, où il est permis aux chevaux de se promener, & / non pas aux hommes.

Dans un climat voisin, qu'on nomme les Tuileries, on va respirer l'air au milieu d'un nuage de poussiere étouffante, qui fait qu'on n'y voit point ceux qui n'y vont que pour s'y montrer.

L'incommodité de ces promenades, c'est qu'on y est tourmenté de plusieurs insectes; des mouches en Eté, des cousins en Automne, & en tout temps(c) des Nouvellistes.

[69]   En arrivant au bout de la grande Allée des Tuileries, mon Compagnon de voyage fut enchanté du plus agreable spectacle qui se puisse presenter à la vûë; il n'y avoit que des femmes ce jour-là, & l'Allée en étoit toute couverte.

Je n'ay vû de ma vie, me dit-il en soûriant, une volée si nombreuse! la charmante espece d'oiseaux!

[70]   Ce sont, luy dis-je sur / le même ton, ce sont des oiseaux amusans, qui changent de plumage deux ou trois fois par jour.

Ils sont volages d'inclination, foibles de temperamment, & forts en ramage.

Ils ne voyent le jour qu'au Soleil couchant, marchent toûjours élevés à un pied de terre, & touchent les nuës de leurs superbes huppes*; [71] en un mot, la pluspart des femmes sont des paons dans / les promenades, quelques-unes sont des pigriéches dans leur domestique, & des colombes dans le tête-à-tête.

Voila une description bien hardie, me dît mon Siamois; en bonne foy, me dît-il, ce portrait est-il d'aprés nature? Est-ce bien-là la femme? Oüy, sans doute, luy répond-je(c)*; mais je connois des femmes

[72] qui s'élevent au-dessus de la femme, & peut-être même au-dessus de l'homme: A l'égard de / celles-là, je n'ay que faire de les distinguer des autres, elles se distingueront bien d'elles-mêmes.

Rien n'est plus difficile à définir que les femmes: & de toutes les femmes, les Parisiennes sont les plus indéfinissables.

[73] Les femmes Espagnoles sont tout Espagnoles, les Italiennes tout Italiennes, les Allemandes tout Allemandes [b]*; mais dans les Parisiennes on trouve des Espagnoles, des Italiennes / & des Allemandes.

Parmi nos Françoises, combien de Nations differentes?

La Nation policée des femmes du monde.

La Nation sauvage des Provinciales.

La Nation libre des Coquettes.

La Nation indomptable des Epouses fideles.

[74] La Nation docile des femmes qui trompent leur mari.

La Nation aguerrie des femmes d'intrigue [c].

La Nation timide ..... mais il n'y en a plus gueres de celles-là.

La Nation barbare des belles-meres.

La Nation fiere des Bourgeoises qualifiées*.

[75] La Nation errante des visiteuses regulieres.

Et tant d'autres, sans compter la Nation superstitieuse des coureuses d'Horoscope; on devroit renfermer celles-là, & détruire la Nation des Devineresses qui les abusent, & qui sous pretexte de deviner ce que font les personnes, leur font faire des choses qu'elles n'auroient jamais faites.

[76] Je me laisse un peu trop emporter à mon sujet: / c'est une chose étrange, qu'on ne puisse parler des femmes avec une juste moderation; on en dit toûjours trop ou trop peu: on ne parle pas assez des femmes vertueuses, & l'on parle trop de celles qui ne le sont pas.

Les hommes leur rendroient justice à toutes, s'ils pouvoient en parler sans passion; mais ils ne parlent gueres de celles qui leur sont indifferentes: ils sont prévenus pour celles qu'ils aiment, & [77] con/tre celles dont ils n'ont pû se faire aimer.

Ils font passer ces dernieres pour déreglées, parce qu'elles sont sages, & plus sages qu'ils ne voudroient. Ce déchaînement des hommes devroit faire la justification des femmes; mais par malheur la moitié du monde prend plaisir à médire, & l'autre moitié à croire les médisances.

[78]   La médisance est de tout temps(a) & de tous païs(c); / elle est presque aussi ancienne dans le monde que la vertu.

On devroit punir plus rigoureusement la médisance que le larcin; elle fait plus de tort à la societé civile: & il est plus difficile de se garder d'un médisant que d'un voleur.

On convient que l'un & l'autre sont fort méprisables; cependant
[79] on les estime quand ils excellent. Un railleur fin / & delicat, fait les delices de la conversation; & tel qui s'approprie habilement le bien d'autruy, s'attire la veneration de ceux même(a,c) à qui il coupe la bourse.

Et voyant le triomphe de ceux-cy, on diroit que ce n'est ni la médisance, ni le vol qu'on blâme dans les autres, mais seulement leur malhabileté: on les punit de n'avoir sçu atteindre à la perfection de leur art.

[80]   Vous vous éloignez de vôtre sujet, me dit mon Siamois, vous parlez de la médisance en general, & il ne s'agissoit que de celle que les hommes font ordinairement du beau sexe; je vous y ramene, à propos de certaines Loix qui furent autrefois proposées par un Legislateur de Siam. Une de ces Loix permettoit aux femmes de médire des femmes; premierement, parce qu'il est impossible de l'empêcher; &
[81] de plus, par/ce qu'en fait de galanterie, telle qui accuse sa voisine, en peut être aussi accusée, selon la Loy du Tallion*. Mais comment voulez-vous qu'une femme se vange d'un homme qui aura publié qu'elle est galante? Publiera-t-elle qu'il est galant?

Je voudrois bien sçavoir pourquoy il est plus honteux à un sexe qu'à l'autre, de succomber à l'amour? Mais traiter serieusement cette
[82] question, ce seroit trop occuper l'es/prit; amusons-le seulement par une pensée comique.

Les hommes ont mis leur gloire à conquerir les femmes, & les femmes ont mis la leur à se bien défendre: celuy qui se fait aimer, chante victoire; celle qui aime, se confesse vaincuë.

S'il étoit vray que les Dames fussent plus foibles que nous, leurs chutes devroient être plus pardonnables; & voicy ce que le Siamois conclut en leur faveur.

[83]   Il faut bien, dit-il aux hommes, que vous vous sentiez plus foibles que vos femmes, puisque vous voulez qu'elles vous pardonnent tout, lorsque vous ne leur pardonnez rien.

Il semble, continuë-t-il, qu'aussi-tôt que vous avez acquis une femme par Contrat, il luy doive suffire d'être tout à vous, sans qu'elle ose vouloir que vous soyez tout à elle: quelle tyrannie aux
[84] hommes, / d'avoir ainsi usurpé le droit d'être infideles impunément!

Ils n'ont pas tant gagné à cela qu'ils pensent, dis-je à mon Voyageur, les maris n'ont-ils pas la meilleure part de la honte qu'ils ont attachée à l'infidelité de leurs femmes? Et pour en revenir à la médisance, peut-on médire d'une femme sans faire tort à son mary?

[85]   Puisque la médisance contre les femmes a des sui/tes si dangereuses, & qu'on ne peut l'empêcher, je voudrois au moins qu'on fût obligé de prouver clairement les fautes dont on les accuse. Comme les preuves en pareil cas sont difficiles, cela calmeroit les fureurs de langue de nos jeunes calomniateurs.

Ils pourroient se déchaîner contre celles qui sont fardées; car on voit clairement ce qu'elles ont de trop sur leur visage; mais on ne voit pas ce qui manque à leur honneur*.

[86]   C'est cette difficulté de prouver qui fait qu'on médit si hardiment des plus sages; car dans les choses où il est impossible de démontrer la verité, on pretend que la vrai-semblance suffise.

Attaquer de la langue une vertu entre deux fers*, c'est médisance. Publier qu'une personne sage ne l'est pas, c'est calomnie. Dire qu'une laide n'est pas belle, ce n'est ni médisance ni calomnie,
[87]   mais / c'est un crime atroce que les Dames ne pardonnent jamais.

La pluspart sont encore plus jalouses de leur réputation sur la beauté que sur l'honneur; & telle qui a besoin de toute la matinée pour perfectionner ses charmes, seroit plus fâchée d'être surprise à sa toilette, que d'être surprise avec un galant.

[88]   Cela ne m'étonne pas: la premiere vertu selon les / femmes c'est de plaire; & pour plaire aux hommes, la beauté est un moyen plus sûr que la sagesse.

Les uns aiment dans une femme la douceur & la modestie; les autres n'ont du goût que pour la vivacité & l'enjoüement; mais l'agrément & la beauté sont de tous les goûts.

Une jeune personne qui n'a d'autre patrimoine que l'esperance
[89]   de plaire, est bien embarrassée quel parti prendre / pour réüssir dans le monde: est-elle simple? on s'en dégoûte; prude, on la fuit; coquette, on l'abandonne: pour bien faire, il faudroit qu'elle fût prude, simple & coquette tout ensemble; la simplicité attire, la coquetterie amuse, & la pruderie retient.

S'il est difficle aux femmes de se maintenir avec les hommes, il leur est bien plus difficile encore, de se maintenir avec les femmes
[90]   mêmes(a): celle qui se pique de vertu, s'attire l'envie; / celle qui se pique de galanterie, s'attire le mépris; mais celle qui ne se pique de rien, échape au mépris & à l'envie, & se sauve entre deux reputations.

Ce ménagement passe la capacité d'une jeune fille: celles qui

sont jeunes & belles, sont exposées à de grands perils; pour s'en
garentir elles auroient besoin de raison, & par malheur la raison
ne vient qu'aprés que la jeunesse, la beauté & le peril sont passez.

[91] Pourquoy faut-il que / la raison ne vienne pas aussi tôt que la
beauté, puisque l'une est faite pour défendre l'autre?

Il ne dépend pas d'une fille d'être belle; le seul trait de
beauté qu'elles pourroient toutes avoir & qu'elles n'ont pas
toûjours, c'est la pudeur; & de tous les traits de beauté, c'est
le plus facile à perdre.

Celle qui n'a point encore aimé est si honteuse de sa premiere

[92] foiblesse, / qu'elle voudroit se la cacher à elle-même; pour la
seconde, elle se contente de la cacher aux autres; mais la troisiéme(c),
elle(c) ne se soucie plus de la cacher à personne.

Quand la pudeur est une fois perduë, elle ne revient pas plus
que la jeunesse.

Celles qui ont perdu la pudeur, s'en font une affectée, qui
s'effarouche bien plus aisément que la naturelle: j'en connois qui

[93] s'alarment au moindre mot / équivoque(c)*, & qui marquent trop de
crainte des choses qu'elles ne devroient point sçavoir.

Une fille de ce caractere étoit dans une assemblée avec sa
cadette qui sortoit d'un Convent*, quelqu'un conta une avanture
galante; mais il la conta en termes si obscurs, qu'une fille sans
experience n'y pouvoit rien comprendre; plus le recit étoit obscur,

[94] & plus cette cadette étoit attentive, & elle marquoit naïvement / sa
curiosité; l'aînée voulant témoigner qu'elle avoit plus de pudeur que
sa cadette, s'écria: Hé, fi, ma sœur, pouvez-vous entendre sans rougir
ce que ces Messieurs disent?

Helas! répondit naïvement la cadette, je ne sçay pas encore
quand il faut rougir.

Cette heureuse ignorance est toute opposée à l'habileté de ces

[95] Heroïnes de politique, qui conservent une espece d'ordre / dans le
desordre même.

Tout est reglé chez une femme qui sçait son monde(c); celuy qui
perd son argent par complaisance, cede la place à celuy qui prête son
carosse pour la promenade; le jeune heritier commence où la dupe ruinée
a fini; tel qui paye la collation, est relevé par un autre qui la mange:
Et quand l'Officier entre par la porte, il faut que le Marchand sorte
par la fenêtre.

[96] Cette regularité des coquettes n'empêche pas que les femmes de
bien ne les méprisent, & ce mépris n'empêche pas qu'elles ne les
imitent; n'apprennent-elles pas d'elles le bon air, le sçavoir vivre,
& les manieres galantes; elles parlent, s'habillent & s'ajustent
comme elles; il faut bien suivre le torrent: ce sont les coquettes
qui inventent les modes & les mots nouveaux; tout se fait par elles

[97] & pour elles: cependant avec tous ces avan/tages, il y a une grande
difference entre les unes & les autres; la reputation des femmes de
bien est plus solide, celle des coquettes est plus étenduë.

Je m'apperçois que je m'arrête trop dans cet endroit de mon
voïage, on s'amuse toûjours plus qu'on ne veut avec les femmes;
puisque nous y sommes, faisons voir à nôtre Siamois le païs de la
Galanterie, dont elles font tout l'ornement.

[98]   *L A   G A L A N T E R I E*

Entrons dans ce charmant païs, & voyons d'abord......... mais
qu'y peut-on voir? La Galanterie autrefois si cultivée, si florissante,
frequentée par tant d'honnêtes gens, est maintenant en friche,
abandonnée: quel desert! helas! je n'y reconnois plus rien.

[99]   Suivons donc l'usage nouveau; & sans nous a/muser*(c)* à la
Galanterie, passons tout d'un coup au Mariage.

AMUSEMENT

SEPTIEME

LE MARIAGE

Il est bien difficile de parler du Mariage d'une maniere qui plaise à tout le monde. Ceux qui n'y prennent nul interest, seront ravis que j'en fasse une description comique. Maudit soit le plaisant, [101] dira ce mari serieux; s'il étoit à ma place, il n'auroit pas / envie de rire. Si je moralise tristement sur les inconveniens du Mariage, ceux qui ont envie de se marier, se plaindront que je veux les dégoûter d'un état si charmant. Sur quel ton le prendrai-je donc? J'y suis fort embarassé.

Un certain Peintre faisoit un Tableau de l'Himen pour un jeune Amant: je veux qu'il soit accompagné de toutes les graces, luy disoit cet Amant passionné. Souvenez-vous sur tout que l'Himen doit être / [102] plus beau qu'Adonis*: Il faut luy mettre en main un flambeau plus brillant encore que celuy de l'Amour. Enfin, faites un effort d'imagination; je vous payeray vôtre Tableau à proportion que le sujet en sera gracieux. Le Peintre qui connoissoit sa liberalité, n'oublia rien pour le satisfaire, & luy apporta le Tableau la veille de ses nôces. Nôtre jeune Amant n'en fut point satisfait: il manque, dit-il, à cette figure certain air gay, certains agrémens, certains [103] char/mes; enfin ce n'est point là l'idée que j'ay de l'Himen: vous l'avez fait d'une beauté mediocre, vous ne serez que mediocrement récompensé.

Le Peintre qui avoit autant de presence d'esprit que de genie pour la peinture, prit son parti dans le moment.

Vous avez raison, luy dit-il, de n'être pas content de la [104] beauté de mon Tableau, il n'est pas encore sec; ce visage est em/bu; & pour vous parler franchement, j'employe mes couleurs de maniere que ma peinture ne paroît rien dans les premiers jours; je vous rapporteray ce Tableau dans quelques mois, & pour lors vous me le payerez selon sa beauté: je suis sûr qu'il vous paroîtra tout autre. Adieu, Monsieur, je ne suis pas pressé d'argent.

Ce Peintre remporta son ouvrage: nôtre jeune Amant se maria [105] le lendemain; & quelques mois / s'écoulerent sans que le Peintre parût. Enfin, il reporta le Tableau: nôtre jeune mari fut surpris en le voyant; vous me l'aviez bien promis, luy dit-il (c), que le tems embelliroit vôtre peinture; quelle difference! je ne la reconnois plus! j'admire l'effet du tems sur les couleurs, & j'admire encore plus vôtre habileté; cependant je ne puis m'empêcher de vous dire que ce visage est un peu trop gay, ces yeux un peu trop vifs, car [106] enfin les feux de l'Himen doivent paroître / moins brillans que ceux de l'Amour; ce sont des feux solides que les feux de l'Himen. D'ailleurs, l'atitude de vôtre figure est un peu trop enjoüée, un peu trop libre, & vous luy avez donné un certain air de badinage qui ne caracterise pas tout-à-fait ...... ce n'est pas là l'Himen enfin.

[107] Fort bien, Monsieur, luy dit le Peintre, ce que j'avois prévû est arrivé; l'Himen est à present moins beau dans vôtre idée que dans mon Ta/bleau, c'étoit tout le contraire il y a trois mois; ce n'est point ma peinture qui a changé, c'est vôtre idée; vous étiez Amant pour lors, vous êtes mari maintenant.

[108] Je vous entens, interrompit le mari; brisons là-dessus: vôtre Tableau est agreable au-delà de mon imagination, il est juste que le payement soit au-delà de la vôtre: voilà une bourse qui contient le double de ce que vous pouvez esperer. Tenez, Monsieur, laissez-moy le Tableau. / Non, Monsieur, repliqua le Peintre, non, je ne vous le laisseray point, je vous en veux donner un autre qui plaise aux Amans & aux Maris, & ce sera le chef-d'œuvre de la Peinture. En effet, le Peintre fit un autre Tableau, où il se servit avec tant d'art, de certaines regles d'optique & de perspective, que le portrait de l'Himen paroissoit charmant à ceux qui le regardoient de loin; mais

[109] de prés ce n'étoit plus cela: il le fit placer au bout d'une agreable Galerie, sur / une espece d'estrade, & pour monter sur cette estrade, il falloit passer un pas fort glissant; en deçà c'étoit le charmant point de veuë; mais si-tôt qu'on avoit passé le pas, adieu les charmes.

Si vous comprenez la difficulté qu'il y a de peindre le Mariage au goût de tout le monde, suspendez ici vôtre critique; je vais vous presenter mon Tableau, choisissez le point de veuë qui vous convient.

[110] Pour rentrer dans nôtre stile de voyage, je vous diray d'abord que le Mariage est un païs qui peuple les autres; la Bourgeoisie y est plus fertile que la Noblesse; c'est peut-être que les grands Seigneurs se plaisent moins chez eux que chez leurs voisins. Le Mariage a la proprieté de faire changer d'humeur ceux qui s'y établissent; il fait souvent d'un homme enjoüé un stupide, & d'un galand un bouru;

[111] quelquefois / aussi d'un stupide & d'un bouru, une femme d'esprit fait presque un galant homme.

On se marie par differens motifs; les uns par passion, les autres par raison; celui-cy sans sçavoir ce qu'il fait, & celui-là ne sçachant plus que faire.

[112] Il y a des hommes si accablez de quietude & d'indolence, qu'ils se marient seulement pour se desennuyer: D'abord le choix d'une femme les occupe; / ensuite les visites, les entrevûës, les festins(c), les ceremonies; mais après la derniere ceremonie, l'ennuy les reprend plus que jamais.

Combien voyons-nous de maris & de femmes qui dés la seconde année de leur communauté, n'ont plus rien de commun(c) que le nom, la qualité, la mauvaise humeur, & la misere?

[113] Je ne m'étonne pas qu'il y ait tant de mauvais ménages, puisqu'on se marie / tout à sa tête, ou tout à celle des autres.

Tel qui se marie à sa tête, ne voyant pas dans une femme ce que tout le monde y voit, est en danger d'y voir dans la suite beaucoup plus que les autres n'y ont vû.

24

Tel autre qui n'a pas la force de se déterminer par luy-même, s'en rapporte à la marieuse de son quartier, qui sçait à point nommé le taux des établissemens, & le prix courant / des filles à marier. Ces connoisseuses ont le talent d'assortir les conditions, les biens, les familles, tout enfin, hors les humeurs & les inclinations dont elles ne se mettent point en peine.

[114]

Avec l'entremise de ces femmes d'affaire, on fait un mariage comme une emplette; on marchande, on surfait, on mesoffre, enfin on est pris au mot.

[115]

D'autres qui n'ont pas le loisir de marchander, / vont lever une riche veuve chez un Notaire, comme on leve une Charge aux Parties casuelles*.

Ce n'est pas tout-à-fait la faute de l'entremetteuse si l'on est trompé en femme, elles vous donnent un memoire; on n'examine que les articles de la famille & du bien, on laisse à côté la femme, qu'on ne retrouve que trop dans la suite.

[116]

Aprés tout ce que je viens de dire, je ne crains / point d'avancer que ceux qui se marient peuvent être heureux.

Mais ce n'est point se marier, c'est negocier, que de prendre une femme pour son bien.

Ce n'est point se marier, c'est se contenter, que de prendre une femme pour sa beauté.

Ce n'est point se marier, c'est radoter à certain âge, que de prendre une jeune femme pour avoir de la société.

[117]

Qu'est-ce donc que se marier? C'est choisir avec discernement, à loisir, par inclination & sans interest, une femme qui vous choisisse de même.

Le païs du Mariage a cela de particulier, que les étrangers ont envie de l'habiter, & les habitans naturels voudroient en être exilez.

[118]

On peut être exilé du Mariage par les separations(c); mais il n'y a de / veritable sortie que celle du veuvage.

Quoy que le veuvage suppose la mort de l'un des deux époux, il me paroît moins à craindre que la separation.

Les separez sont des animaux sauvages, incapables des plus beaux nœuds de la société.

[119]

Dans les causes ordinaires de separation, on donne le tort à la femme; mais souvent le mari est / cause que la femme a tort, & il a luy-même le tort d'avoir appris au public que sa femme(c) avoit tort.

On doit s'attendre que je vais parler icy du veuvage, c'est un

grand sujet & tres-fertile; mais il est trop difficile à
traiter!

Comment parler des veuves? Si je ne les dépeins qu'à demi-
fâchées de la mort d'un mari, je blesseray la bienseance: si
j'exagere leur affliction, je blesseray la verité.

[120]   Quoy qu'en puissent dire les mauvais plaisants, il n'y a point
de veuvage sans tristesse: N'est-ce pas toujours un état fort triste,
d'être obligé de feindre une tristesse continuelle? Le triste rôle
à joüer que celuy d'une veuve qui ne veut point faire parler d'elle!

Il y a des veuves à qui les sanglots & les larmes ne coûtent
rien; j'en ay connu une au contraire qui faisoit de bonne foy tout
[121] son possible pour s'af/fliger; mais la nature luy avoit refusé le
don des larmes; cependant elle vouloit faire pitié aux parens de
son mari, ses affaires dépendoient d'eux.

Un jour son beaufrere qui étoit fort affligé, luy reprochoit
qu'elle n'avoit pas versé une larme; helas! luy répondit la veuve,
mon pauvre esprit a été si accablé de ce coup imprévû, que j'en suis
devenuë comme insensible; les grandes douleurs ne se font point sentir
[122] d'abord, mais / dans la suite je suis sûre que j'en mourray.

Je sçay, luy repliqua le beaufrere, que les douleurs trop
grandes ne se font point sentir d'abord; je sçais encore que les
douleurs violentes ne durent guere: ainsi, Madame, vous serez toute
étonnée que la douleur de vôtre veuvage sera passée avant que vous
l'ayez sentie.

Une autre Veuve se desesperoit, & ce n'étoit pas sans sujet;
[123] elle avoit perdu / en même jour le meilleur mari, & la plus jolie
petite chienne de Paris.

Ce double veuvage l'avoit réduite en un état qui faisoit craindre
pour sa vie. On n'osoit luy parler de boire ni de manger; on n'osoit
pas même la consoler. Il est dangereux d'obstiner la douleur d'une
femme, il vaut mieux laisser agir le temps & l'inconstance. Cependant
pour accoûtumer petit à petit la Veuve à supporter l'idée de ses
[124] pertes, une bonne / amie luy parla d'abord de sa petite chienne; au
seul nom de Babichonne, ce fut des hurlemens, des transports, elle
s'évanoüit enfin: que j'ay bien fait, s'écria la prudente amie, de
ne point parler du mari, elle seroit morte tout-à-fait!

Le lendemain, le nom de Babichonne fit couler des larmes avec
tant d'abondance, qu'on espera que la source en tariroit bien-tôt, &
[125] l'amie zelée crut qu'elle pouvoit hasar/der le nom du mari.

Helas! luy dit-elle, si le seul nom de Babichonne vous afflige
tant, que seroit-ce donc si on vous parloit de vôtre mari? mais je
n'ay garde: la pauvre Babichonne! vous n'en retrouverez jamais une
semblable; cependant elle est bienheureuse d'être morte, car vous ne
l'auriez plus aimée: peut-on aimer quelque chose après avoir perdu un

mari?

[126]   C'est ainsi que cette amie / habile mêloit adroitement l'idée
du mari avec celle de Babichonne; sçachant bien que quelquefois deux
fortes douleurs(c) se détruisent l'une l'autre en faisant diversion.
Elle remarqua qu'au nom de Babichonne les pleurs redoubloient, &
qu'elles s'arrêtoient tout court au nom du mari; c'étoit, sans doute,
le saisissement: on sçait que les pleurs ne sont que pour les douleurs
mediocres. Quoy qu'il en soit, la pauvre affligée passa plusieurs jours
[127] & plusieurs nuits / dans cette alternative de pleurs & de saisissemens.

      Enfin, la bonne amie fit chercher une petite chienne, & en trouva
une plus jolie que la défunte: elle la presenta; mais la Veuve ne
l'accepta qu'en pleurant: heureusement la nouvelle chienne se fit
tant aimer en huit jours, qu'on ne pleura plus Babichonne; & voicy la
consequence que l'amie en tira.

[128]   Si une chienne nouvelle a fait cesser les pleurs, peut-/être
qu'un mary nouveau fera cesser les saisissemens; mais helas! l'un ne
fut pas si facile que l'autre; la nouvelle chienne s'étoit fait aimer
en huit jours, & il falut plus de trois mois pour faire consentir la
Veuve à se remarier.

      Quoy que je me sois donné plein pouvoir de quitter mon Voyageur
Siamois tant qu'il me plairoit, je ne veux pas le perdre de vûë; j'ay
besoin qu'il autorise certaines idées creuses qui me sont venuës à
[129] pro/pos de la Faculté & de l'Université: ce sont deux païs où les
idées simples & naturelles ne sont pas les mieux reçûës; il faut qu'un
Voyageur parle, s'il se peut, la langue des païs par où il passe; je
vais donc guinder mon stile & figurer mes expressions*, pour être plus
intelligible aux Docteurs.

[130]

AMUSEMENT

HUITIEME

L' U N I V E R S I T E

Dans le païs Latin tout est obscur; les habitations, les vêtemens, le langage, & les raisonnemens même *(c)*.

[131] La noblesse ni la bravoure ne servent de rien pour parvenir aux dignitez de la Republique des / Lettres: ce sont les plus sçavans, & souvent les plus opiniâtres, qui usurpent la domination. Là chaque Maison est un Royaume, ou plûtôt un Empire, où chaque Souverain a son Sceptre, sa Justice, ses Loix & ses Armes: & tel d'entre-eux est si puissant, qu'il gouverne quatre Nations dans un seul College*.

[132] Il y a long-tems qu'on travaille à defricher le païs de la science; cependant il n'y paroît gueres: la seule chose qu'on y explique / nettement, c'est qu'un & un font deux; & ce qui fait que cela est si clair, c'est qu'on le sçavoit avant que d'en avoir fait une science.

Quoi qu'il en soit, la Geometrie est d'un grand usage; elle sert entre autres choses à éprouver l'esprit, comme le creuset sert à éprouver l'or: Les bons esprits s'y rafinent, les esprits faux s'y évaporent.

[133] Les Geometres travaillent sur un terrain si solide, qu'aprés avoir bien posé la premiere pierre, ils / élevent sans crainte leurs bâtimens jusqu'aux cieux.

Sur un terrain bien different, les Philosophes bâtissent des édifices superbes qu'on appelle Sistêmes: ils commencent par les fonder en l'air; & quand ils croyent être parvenus au solide, le bâtiment s'évanoüit, & l'Architecte tombe des nuës.

[134] Le païs des Sistêmes est fort amusant; entr'autres singularitez on y voit une populace d'éguilles s'as/sembler autour d'une pierre noire, de grands hommes courir aprés les petits corps; on y pese l'air, on y mesure la chaleur, le froid, la secheresse & l'humidité; grandes découvertes pour l'utilité de l'homme; sans étudier, il n'a qu'à jetter les yeux sur un petit tuyau de verre, pour connoître s'il a froid *(c)*, s'il a chaud, s'il pleut, ou s'il fait beau tems.

[135] Attiré par ces belles connoissances, on cherche des guides pour avancer / dans la Philosophie: on apperçoit un ancien Grec, qui depuis deux mille ans est maître d'un chemin creux & obscur: d'autre part, on voit un jeune téméraire qui a osé frayer un chemin tout opposé. Celuicy est si artistement applany, qu'on y marche plus à son aise, & qu'on croit même y voir plus clair que dans l'autre: ces deux guides se tuënt de crier, c'est icy, c'est icy l'unique route qu'il faut tenir

[136] pour découvrir tous les secrets de la Nature: si / l'on me demande lequel des deux a raison, je diray que l'un a pour luy la raison de l'ancienneté, & l'autre la raison de la nouveauté; & en cas d'opinion,

ces deux raisons entraînent plus de sçavans que la raison même.

      Celuy qui entreprend le voyage de la Philosophie, voudroit bien suivre ces deux guides tout à la fois; mais il n'ose s'engager dans des chemins où l'on ne parle que d'accidens & de privation. Il se / [137] sent tout à coup saisi du froid, du chaud, du sec & de l'humide; penetré par la matiere subtile, environné de tourbillons, & si épouvanté par l'horreur du vuide, qu'il recule au lieu d'avancer*.

      On se doit consoler de ne point avancer dans ce païs; car ceux qui n'y ont jamais été, en sçavent presque autant que ceux qui en reviennent.

[138]   Avant que de faire passer mon Voyageur, de l'U/niversité à la Faculté, il est bon de luy faire remarquer que,

Dans le païs de la Science, on s'égare.

Dans le Palais, on se perd.

Dans les promenades, on se retrouve.

Et on ne se cherche plus dans le Mariage.

On avance peu à la Cour.

[139]   On va loin avec les femmes.

Et on ne revient guere du Royaume de la Faculté.

[140]

AMUSEMENT

NEUVIEME

LA FACULTE

Le païs de la Faculté est situé sur le passage de ce monde à l'autre.

C'est un païs climaterique, où l'on nous fait respirer[c] un air rafraîchissant, tres-ennemy de la chaleur naturelle.

[141]   Ceux qui voyagent dans cette contrée, dépensent beaucoup, & meurent de faim.

La langue y est fort sçavante, & ceux qui la parlent sont tres-ignorans.

On apprend ordinairement les Langues pour pouvoir exprimer nettement ce qu'on sçait; mais il semble que les Medecins n'apprennent leur jargon que pour embroüiller ce qu'ils ne sçavent point.

[142]   Que je plains un malade de bon sens! Il faut qu'il ait à combattre tout à la fois les argumens du Medecin, la maladie, les remedes, & l'inanition: Un de mes amis, à qui tout cela ensemble avoit causé un transport au cerveau, eut une vision fiévreuse qui luy sauva la vie: il crut voir la fièvre sous la figure d'un monstre ardent, qui poursuivoit à pas continus & redoublez un malade, qu'un
[143] conducteur vint prendre par le poignet / pour le faire sauver à travers un fleuve de sang[c]: ce pauvre malade n'eut pas la force de le traverser, & se noya. Le conducteur se fit payer, & courut à un autre malade entraîné par un torrent d'eau de poulet* & d'émulsion. Mon ami profita de cette vision, congedia son Medecin, & cela luy fit du bien, car rien ne l'empêcha plus de guerir tout seul.

L'absence des Medecins[c] est un souverain remede pour celuy
[144] qui n'a point / recours au Charlatan.

Ce n'est pas qu'il n'y ait des Charlatans de bonne foy: Cet Etranger, par exemple, est fort sincere; il debite de l'eau de Fontaine à trente sols la bouteille: il dit qu'il y a dans son eau une vertu occulte qui guerit des plus grands maux; il en jure, & jure vrai, puisque cette eau le guerit luy-même de la pauvreté qui renferme les plus grands maux.

[145]   A Paris il en est des Me/decins comme des Almanacs, les plus nouveaux sont les plus consultez: mais aussi leur regne, comme celuy des Almanacs, finit avec l'année courante.

Quand un malade laisse tout faire à la nature, il hasarde beaucoup; quand il laisse tout faire aux Medecins, il hasarde beaucoup aussi: mais hasard pour hasard, j'aimerois mieux me confier à la nature, car au moins on est sûr qu'elle agit de bonne foy, comme elle

[146] peut, & qu'elle ne / trouve pas son compte à faire durer les maladies.

Il y a quelque rapport entre les Medecins & les Intendans: Les Intendans ruinent les maisons les mieux établies, & les Medecins ruinent les corps les mieux constituez: Les maisons ruinées enrichissent les Intendans, & les corps ruinez enrichissent les Medecins.

On devroit obliger tous les Medecins à se marier: N'est-ce pas [147] une justice / qu'ils rendent à l'Etat quelques hommes pour ceux qu'ils luy enlevent à toute heure?

Je pardonne à ceux qui sont à l'extremité de leur vie, de s'abandonner aux Medecins; & à ceux qui sont à l'extremité de leur bien, de s'abandonner au jeu.

[148]

AMUSEMENT

DIXIEME

LE JEU

Le Jeu est une espece de succession ouverte à tout le monde; j'y vis l'autre jour deux Gascons*, heriter(a) d'un Parisien, qui ne se seroit jamais avisé de les mettre sur son Testament.

[149]   Le Lansquenet est une / espece de Republique mal policée, où tout le monde devient égal; plus de subordination: le dernier de tous les hommes, l'argent à la main, vient prendre au-dessus(c) d'un Duc & Pair, le rang que sa carte luy donne*.

On bannit de ces lieux privilegiez, non seulement la subordination & le respect, mais encore toutes sortes d'égards, de compassion & [150] d'humanité; les cœurs y sont tellement durs & impitoyables, que / ce qui fait la douleur de l'un y fait la joye de l'autre.

Les Grecs s'assembloient pour voir combattre des Atletes, c'est à dire pour voir des hommes s'entre-tuer: ils appelloient cela des Jeux; quelle barbarie! mais sommes-nous moins barbares, nous qui appellons un jeu l'assemblée du Lansquenet, ou pour user de l'expression des Joüeurs mêmes, on ne va que pour s'égorger l'un l'autre.

[151]   Un jour mon Voyageur / entra inopinément dans un Lansquenet; il fut bigearement frapé de ce spectacle: mettez-vous à la place d'un Siamois supersticieux, & qui n'a aucune connoissance de nos manieres de joüer, vous conviendrez que son idée, toute abstraite & toute visionnaire qu'elle paroisse, a pourtant quelque rapport à la verité: Voicy les propres termes d'une lettre qu'il en écrivit à son païs(c).

[152]

FRAGMENT

D'UNE LETTRE

SIAMOISE

Les François disent qu'ils n'adorent qu'un seul Dieu, je n'en crois rien; car outre les divinitez vivantes ausquelles on les voit offrir des vœux, ils en ont encore plusieurs autres inanimées, [153] ausquelles ils sacrifient, comme je l'ay remarqué dans une / de leurs assemblées où je suis entré par hasard.

On y voit un grand autel en rond, orné d'un tapis verd, éclairé dans le milieu, & entouré de plusieurs personnes assises comme nous le sommes dans nos sacrifices domestiques.

Dans le moment que j'y entray, l'un d'eux qui apparemment étoit le Sacrificateur, étendit sur l'autel les feüillets détachez d'un petit [154] Livre qu'il / tenoit à la main: sur ces feüillets étoient representées quelques figures; ces figures étoient fort mal peintes: cependant ce devoit être les images de quelques divinitez; car à mesure qu'on les distribuoit à la ronde, chacun des assistans y mettoit une offrande chacun selon sa devotion. J'observay que ces offrandes étoient bien plus considerables que celles qu'ils font dans leurs Temples particuliers.

[155]   Aprés la ceremonie dont / je vous ay parlé, le Sacrificateur porte sa main en tremblant sur le reste de ce Livre, & demeure quelque temps saisi de crainte & sans action; tous les autres attentifs à ce qu'il va faire, sont en suspens, & immobiles comme luy. Ensuite, à chaque feuïllet qu'il retourne, ces assistans immobiles sont tour à tour agitez differemment, selon l'esprit qui s'empare d'eux; l'un louë le Ciel en joignant les mains, l'autre regarde fixement son image en

[156] grinçant les dents, / l'autre mord ses doigts & frappe des pieds contre terre; tous enfin font des postures & des contorsions si extraordinaires, qu'ils ne semblent plus être des hommes. Mais à peine le Sacrificateur a-t-il retourné certain feuïllet, qu'il entre luy-même en fureur, déchire le Livre & le devore de rage, renverse l'autel, & maudit le sacrifice: on n'entend plus que plaintes, que gemissemens, cris & imprecations, à les voir si transportez & si furieux, je jugeay que

[157] le Dieu qu'ils / adorent, est un Dieu jaloux, qui pour les punir de ce qu'ils sacrifient à d'autres, leur envoye à chacun un mauvais Demon pour les posseder*.

     Voilà le jugement que peut faire un Siamois sur les emportemens des Joüeurs: que n'auroit-il point pensé s'il se fût rencontré-là des Joüeuses?

     Non, jamais l'amour n'a causé tant de desordre parmi les femmes,
[158] que la fureur du jeu. Comment / peuvent-elles s'abandonner à une passion, qui altere leur esprit, leur santé, leur beauté, qui altere........que sçai-je moy; mais ce tableau ne leur est point avantageux, tirons le rideau dessus.

     Je ne sçais pourquoy les lieux publics où l'on joüe ont usurpé le beau nom d'Academie, si ce n'est qu'on y apprend quelquefois aux dépens de tout son bien, à gagner subtilement celuy des autres.

[159]   On trouve dans Paris quantité d'Academies, qui ont toutes des vûës differentes dans leur établissement.

     Academie de Musique, pour exciter les passions.

     Academie de Philosophes(c), pour les calmer.

     Academie(a) pour observer le cours des Astres.

     Academie pour regler le cours des mots.

[160]   Academie d'Eloquence & de Peinture, qui apprend à immortaliser les hommes.

     Accademie d'armes, qui enseigne à les tuer.

Il y a outre cela quantité d'Academies bachiques, où les bons gourmets & les fins côteaux enseignent l'art de boire & de manger, art qui s'est beaucoup perfectionné depuis peu. Ce sont de riches [161] particuliers qui tiennent ces Acade/mies pour leur plaisir, car on ne va plus guere dans celles qui sont publiques, parce qu'on a remarqué que plusieurs jeunes gens, pour y avoir vécu délicieusement quelques années, se sont mis en état de mourir de faim le reste de leur vie.

Si le païs des Traiteurs est desert, celuy des Caffez en récompense est fort peuplé*.

[162]   Chaque Caffé est un Palais illuminé; à l'entrée / duquel paroît une Armide* ou deux qui vous charment d'abord, pour vous attirer dans des enfoncemens à perte de vûë.

Là plusieurs Chevaliers errans viennent se placer à une même table sans se connoître; à peine se regardent-ils, lors qu'on leur apporte une certaine liqueur noire, qui a la vertu de les faire parler ensemble; & c'est alors qu'ils se racontent leurs avantures: aux [163] charmes du Caffé, on joint la fenoüillette*, qui / acheve d'enchanter les Chevaliers: Par la force de cet enchantement, l'un est forcé de s'abandonner au sommeil, l'autre s'attendrit pour Armide, & l'autre comme un Roland furieux va signaler sa valeur en courant les ruës.

Disons un mot du riche païs des Bourdonois*; c'est là que le luxe vous conduit dans des Perous (e)* en magazin, où les lingots d'or & d'argent se mesurent à l'aune; & telle femme après y avoir voyagé / [164] avec quelque Etranger liberal, porte sur elle plus que son mari ne gagne, & traîne à sa queuë tout le bien d'un creancier.

D'un côté tout opposé, le bon marché vous mene dans une contrée où le hasard vous habille; là quantité d'importuns officieux appellent le passant, l'arrêtent, le tiraillent, & luy déchirent un habit neuf pour l'accommoder d'un vieux.

[165]   Dans un païs voisin, on / voit un grand jardin pavé, ouvert indifferemment à tout le monde; on y voit en Hyver comme en Eté, des fleurs & des fruits en même temps; tous les jours on les cueille, & toutes les nuits il en revient de nouveaux.

Autour de ce jardin, s'arrangent quantité de Nimphes, qui habitent chacune dans leur tonneau*; non-seulement elles ont cela de [166] commun avec Diogenes, mais ainsi que ce Philosophe elles / disent librement au premier venu tout ce qui leur vient en pensée.

Je n'aurois jamais fait, si j'entreprenois de parcourir tous les païs qui sont renfermez dans Paris; la Robe, l'Epée, la Finance, chaque état enfin y fait comme un païs à part, qui a ses mœurs & son jargon particulier.

Vous y voyez le païs fertile du Negoce.

[167]   Le païs ingrat de la / Pierre Philosophale.

Le païs froid des Nouvellistes.

Le païs chaud des Disputeurs.

Le païs plat des mauvais Poëtes.

Le païs desert des femmes de bien.

Le païs battu des coquettes; & une infinité d'autres, sans compter [168] les païs perdus habitez par / plusieurs personnes égarées, qui ne cherchent qu'à égarer les autres: elles sont d'un facile accés & d'un dangereux commerce; quelques-unes ont le secret de plaire sans ménagement, & d'aimer même sans amour.

[169]

AMUSEMENT

ONZIEME

LE CERCLE

Bourgeois

C'est promener trop long-temps mon Voyageur, de païs en païs; épargnons-luy la fatigue de courir le reste du monde.

[170]   Pour en connoître tous les differens caracteres, il / luy suffira de frequenter certaines assemblées nombreuses où l'on voit tout Paris en racourcy. Ces assemblées sont des especes de Cercles Bourgeois, qui se forment à l'imitation du Cercle de la Cour*. Disons un mot de celuy-cy, avant que de parler de l'autre.

Le Cercle est une assemblée grave & mal assise sur de petits Tabourets arrangez en rond; là toutes les femmes parlent, & pas une [171] n'écoute; là on raisonne sur rien, on decide de tout, / & les conversations les plus diversifiées sont des rondeaux, dont la chute est toûjours ou fine médisance, ou flaterie grossiere.

Le Cercle Bourgeois est une assemblée familiere, un conseil libre, où les affaires du prochain se jugent souverainement sans entendre les Parties.

Ces Tribunaux connoissent également des matieres sublimes & des populaires, tout est de leur ressort; là le caprice preside, / [172] & c'est là proprement qu'on trouve autant d'opinions differentes qu'il y a de têtes: le même Juge y est tantôt severe, & tantôt indulgent, tantôt grave, tantôt badin; & on en use là comme j'ay fait dans mes Amusemens; l'on y passe en un instant du serieux au comique, du grand au petit; & quelquefois une reflexion subite sur la coëfure d'une femme, empêche la decision d'un point de morale qui étoit sur le tapis.

[173]   On y prononce vingt Arrests tout à la fois; les hommes y opinent quand ils peuvent, & les femmes tant qu'elles veulent; elles y ont deux voix pour une.

La liberté qui regne dans le Cercle Bourgeois, donne lieu à toutes sortes de personnes de s'y faire connoître, & d'y connoître les autres; là chacun parle selon ses vûës, ses inclinations & son genie.

[174]   Les jeunes gens disent / ce qu'ils font, les vieillards ce qu'ils ont fait, & les sots ce qu'ils ont envie de faire.

L'ambitieux parle contre la paresse, le paresseux contre l'ambition.

Le negociant deteste la guerre, & le guerrier maudit la paix.

Le sçavant méprise le riche, en souhaitant des richesses; le riche méprise tout net la science & les sçavans.

[175]   Les gens raisonnables blâment l'amour, & les amans se revoltent
contre la raison.

     Ceux qui ne sont point mariez, condamnent les maris jaloux; &
ceux qui le sont les justifient(c).

     Un jeune étourdi plein de vigueur & de santé, témoignoit par
ses discours, qu'il se croyoit immortel, & qu'il craignoit que son pere
[176] ne le fût aussi. Un vieillard choqué de cette / idée, entreprit le
jeune homme: Apprenez, luy dit-il d'un ton severe, que tout âge est
égal pour la durée de la vie; un homme de quatre-vingts ans, est encore
assez jeune pour vivre; & un enfant de quatre jours est déja assez vieux
pour mourir.

     Je comprens, repliqua l'etourdi, que vous êtes assez jeune pour
vivre aujourd'huy, & assez vieux pour mourir demain.

[177]   Ceux que vous venez / d'entendre n'ont eu qu'à parler pour faire
paroître ce qu'ils étoient: d'autres dans leurs discours & dans leurs
manieres paroissent tout le contraire de ce qu'ils sont.

     Vous admirez la vivacité d'un Provençal, qui brille par ses
saillies d'esprit; ne vous y laissez pas tromper, ce sont des saillies
de memoire, l'imagination n'y a guere de part.

[178]   Un tel se pique à bon droit de bel esprit; c'est / un aigle dans
les sciences; en affaires, c'est un étourneau; & ce bœuf qui rumine
dans la conversation, est un furet dans les Finances.

     Apercevez-vous cette figure inanimée, cet indolent qui s'étale
dans un fauteüil, il ne prend aucune part à tout ce qui se dit en sa
presence; vous concluez de là, que de plus grandes affaires l'occupent,
que sa tête en est pleine: rien n'est plus vuide; cet homme est éga-/
[179] lement incapable de s'appliquer & de se réjoüir; il s'endort au jeu,
il baille aux Comedies les plus divertissantes; il a une Charge
considerable, il a une belle femme, & n'est pas plus occupé de l'une
que de l'autre.

     Belise entre dans l'assemblée: vous en jugez mal, parce qu'elle
est trop enjoüée, trop libre en paroles(c); cependant, c'est une
Lucrece* dans sa conduite; & sa Compagne qui parle en Lucrece, est peut-
[180] être / une Laïs* par ses actions.

     Cette jeune personne sans experience, n'entend qu'avec horreur
prononcer le mot d'amour; sa mere luy en a fait des portraits si
horribles, qu'elle croit le haïr: vous imaginez-vous qu'elle le
haïra toûjours? Cela n'est pas sûr: une fille qui hait l'amour avant
que de le connoître, est en danger de ne le pas haïr long-temps.

[181]   Ce nouveau riche qui répand l'argent comme de / l'eau, quand il
s'agit de paroître, vous ébloüit par sa magnificence; il donne même,
& cache de bonne grace la peine qu'il a à donner. Ah! la belle ame,
s'écrie-t-on! Helas! ce n'est qu'à force de bassesses d'ame qu'il

a gagné dequoy paroître si genereux.

J'explique peut-être les choses un peu plus qu'il ne faut, &
je démasque trop les personnages de mon Cercle. Mais quand je
[182] voudrois les épargner, & qu'ils auroient eux-/mêmes assez d'habileté
pour cacher leurs défauts, je voy venir une femme penetrante qui les
déchifrera bien plus impitoyablement que moy.

Cette femme s'avance; que son air est modeste! elle ne leve
les yeux que pour voir si les autres femmes sont aussi modestes qu'elle.

Elle a tant de vertu, dit-on, qu'elle ne peut souffrir celles
[183] qui en ont moins qu'elle: celles qui en ont / davantage luy déplaisent
aussi; c'est pourquoy elle n'en épargne pas une(c).

Je demandois un jour à une femme de ce caractere, pourquoy ses
exhortations étoient toûjours moitié morale, moitié médisance. Parlez
mieux, s'écria-t-elle, la médisance me fait horreur: à la verité je
suis quelquefois obligée, pour m'accommoder au goût du monde,
d'assaisonner mes remontrances d'un peu de sel critique; car on veut
[184] de l'agrément / partout, même dans la correction: Il faut bien faire
passer la morale à la faveur de quelques traits de satire. Parlez
plus sincerement, luy repartis-je, & dites que vous voulez à la
faveur d'un peu de morale faire passer force médisances.

Revenons à cette faiseuse de portraits qui prend seance dans
nôtre Cercle: Elle sçait(c) si bien son métier, qu'en un seul trait
[185] d'histoire elle vous peindra deux ou trois / caracteres differens, sans
compter le sien propre, que vous connoîtrez par sa maniere(c) de
raconter.

Connoissez-vous, dit-elle, ce negociant, il est tres-honnête
homme; son industrie a commencé sa fortune, & sa probité l'a achevée:
Il est comblé de biens; mais tout riche qu'il est, helas que je le
plains! sa fille a échoüé avant que d'arriver au port du mariage, &
sa femme a fait naufrage dans le port même.

[186]   Ensuite elle vous fera admirer la politique d'une sage indigente,
qui reçoit tout d'un Financier sans luy rien accorder; cela s'appelle,
dira-t-elle, une vertu à l'épreuve. Mais par malheur pour cette vertueuse
personne, le monde juge mal des choses; on croid que chez les Financiers,
en amour comme en affaires, les articles de la recette suivent de près
[187] ceux de la dépense; & que ces Messieurs-là sont accoûtumez à recüeil/lir
aussi-tôt qu'ils ont semé.

A mon égard, continüé cette charitable personne, je serois bien
caution* que l'homme d'affaire dont j'ay parlé, n'a d'autres vûës que
de retirer des occasions du vice, celle à qui il fait du bien; je le
connois à fond, je faisois l'autre jour son éloge en bon lieu; je disois
que personne n'est plus genereux, & qu'il n'a rien à luy.

[188]   J'en conviens, dit un mauvais plaisant qui l'interrompit; on
peut dire que l'homme que vous loüez n'a rien à luy, car il n'est riche

que du bien d'autruy.

C'est trop écouter cette médisante; il est tems que quelqu'un l'interrompe, pour sauver la reputation de tous ceux qu'elle connoît, & de ceux même qu'elle ne connoît pas.

[189]   Celle qui va l'interrompre, c'est[c] une femme sçavante, qui vient se plaindre à un Poëte de sa clique, qu'une de ses Compagnes va se marier; Quelle perte pour nous, s'écrie-t-elle! Plus de commerce d'esprit, plus de conversations sçavantes, plus de prose, plus de vers, le mariage absorbe tout; la pauvre fille! elle écrivoit[c] avec tant de délicatesse; son stile étoit enjoüé, ses pensées fines[a],
[190] ses applications justes: / adieu la délicatesse, adieu la justesse[c]; car enfin pour une femme qui compose, un mari est une distraction continuelle.

Oüy, certes, répond le Poëte, le mariage enchaîne l'esprit aussi-bien que le cœur, & par malheur encore, le cœur se dégage, & l'esprit demeure dans les fers. Un mien ami[c]*, tant qu'il fut garçon, produisoit chaque semaine un volume de Poësies gaillardes. Depuis trois ans qu'il
[191] est marié, je n'ay / pû tirer de luy qu'une Elegie plaintive, & quelque Epître chagrine.

Sçavez-vous bien, reprit la sçavante desolée, ce que nôtre amie m'allegue pour excuse? L'amour, Monsieur, l'amour: la belle raison pour se marier! L'amour a-t-il jamais inspiré le mariage aux Poëtes? Que ne garde-t-elle sa tendresse, pour rendre ses Poësies plus touchantes & plus animées? L'amour réveille l'imagination, mais le mariage l'endort.

[192]   Cette fille m'a bien trompée, continuë-t-elle; à l'entendre parler on eût dit qu'elle auroit eu plus de délicatesse que de passion, & plus d'imagination que de sentiment: je croyois qu'elle me ressembloit, & que son cœur étoit tout esprit; mais helas! & son cœur & son esprit sont tout corps! quand je luy en fais des reproches, elle répond que l'amour fut toûjours ami des Poëtes, & que j'ay tort de vouloir les
[193] mettre mal en/semble. Je vous en fais Juge, Monsieur; n'est-ce pas elle qui cherche noise*? Quand on a interest de ménager l'amour, il ne faut pas en venir aux extrémitez avec luy; c'est le pousser à bout que de se marier.

S'il n'y avoit que l'amour à perdre en se mariant, reprend le Poëte, ce seroit peu; mais qui ne sçait que l'Himen éfarouche les Graces & les Muses? J'ay lû dans une Fable inconnuë aux anciens,
[194] qu'Apollon / s'étant marié un jour, l'Hipocrene* tarit le lendemain.

Un genie marié, est un genie sterile. En effet, les productions de l'homme sont bornées; il faut opter, de laisser à la posterité ou des ouvrages d'esprit, ou des enfans.

Mais j'apperçois un objet des plus tristes, qui vient interrompre la conversation comique du vieux Poëte garçon, & de la femme de Lettres.

[195]   C'est un homme en grand deüil; il a outré l'appareil, la queuë de

son manteau couvre toute l'antichambre, & le bout de son crêpe est
encore sur l'escalier. C'est un Spectre de drap noir; que vient-il
faire dans une assemblée de plaisir? Il sort de l'Enterrement; que
ne va-t-il achever de pleurer chez luy? Cependant il est homme de
condition; il a perdu son pere, on luy doit des complimens de
[196] condoleance: / Mais pourquoy vouloir partager sa douleur? Il ne vient
icy que pour vous faire part de sa joye; la succession est si grosse,
qu'il ne sçait à qui le dire: il cherche par-tout, qui le felicite; il
faut pourtant s'affliger d'abord avec luy par bienseance: Que je suis
fâchée, luy dît une Dame!..... Je suis bien aise, dît nôtre Orphelin,
en prévenant le triste compliment, je suis bien aise de vous trouver
[197] si à propos; on m'a dit, Madame, que vous avez un bel emmeuble/ment
dont vous voulez vous défaire; je m'en accommoderay.

Je ne puis vous exprimer, luy dît un cousin, combien je suis
sensible à vôtre affliction, & j'iray au premier jour chez vous pour
vous témoigner.... Je déloge demain, dît brusquement nôtre homme,
je prens une maison magnifique: vous la connoissez, c'est celle
que ce Banquier faisoit bâtir quand il fit banqueroute; ses creanciers
m'en accommodent.

[198] Un troisiéme consolateur vient encore à la charge, & la larme à
l'œil luy fait en longs complimens l'Oraison funebre du défunt: Ce
que j'estime le plus dans mon pere, continuë l'heritier, c'est qu'il
ne m'a laissé aucunes dettes: si vous sçaviez l'ordre admirable
qu'il a mis à ses affaires, & les grands biens que j'ay trouvez...
Hé! corbleu, Monsieur, s'écrie un Misantrope chagrin, vôtre pere
[199] mourut hier, pleurez du / moins aujourd'huy, vous vous réjoüirez
demain de la succession(c).

Bon, reprend un sournois, qui feint de vouloir l'excuser, son
pere l'a assez affligé d'avoir vécu jusqu'à soixante & quinze ans; on
ne peut pas s'affliger devant* & après la mort d'un homme: d'ailleurs,
c'étoit un paratre, un dénaturé, qui n'a jamais fait plaisir qu'à luy-
même: il plaignoit à ses enfans jusqu'à l'éducation, & je dirois
[200] volontiers pour Mon/sieur son fils. Enfin, mon pere est mort, & sa
mort est le premier bien qu'il m'ait fait de sa vie.

Nôtre sot est charmé qu'on luy prouve qu'il a raison de se
consoler: le sournois malin l'engage insensiblement dans une conversation
indifferente, puis ensuite dans une plus enjoüée; & luy qui ne rit jamais,
se met à rire par malice, pour obliger le fat à rire aussi. Il pousse
[201] enfin la chose jusqu'à luy faire chanter avec luy la contre-/partie
d'un air à boire. Et quand il est à l'endroit le plus gay, il s'arrête
tout court, & le tire doucement par le bras: Monsieur, luy dit-il d'un
ton affligé, je vous demande pardon, si j'ay violenté vôtre douleur
pour vous faire chanter dans le triste équipage où vous voilà. A ces
mots, l'homme en deüil baisse les yeux: il est si honteux de se
surprendre en chantant, qu'il sort sans dire un seul mot, & même sans
achever l'air à boire qu'il avoit commencé.

[202] Il y a long-tems qu'on a remarqué que la tendresse filiale n'est
pas comparable à l'amour paternel. Il y a long-tems aussi qu'on en a
cherché les raisons: je ne sçay si quelqu'un a trouvé avant moy

celles que je vais dire[c], originales ou non, les voicy.

[203] Je suppose qu'un fils aime son pere, selon toute l'étenduë des obligations qu'il luy peut avoir; & que le pere n'aime son fils que parce qu'il lui appartient: la / tendresse paternelle l'emportera encore, car l'amour de proprieté est toûjours plus fort que l'amour de reconnoissance.

Un pere qui perd son fils, perd un bien qui luy appartient, & le fils perd un maître à qui il appartenoit; vous sentez bien la difference de ces deux pertes.

[204] Il y a peu de peres qui ayent obligation[a] à leurs enfans, & nous devons tous au moins la vie à nos / peres. Croiroit-on que ce fût une raison pour les moins aimer qu'ils ne nous aiment? Cette raison est bien injuste[b], elle est pourtant naturelle; nous n'aimons guere ceux à qui nous devons, nous aimons mieux ceux qui nous doivent; & l'on se console plus aisément de la mort d'un creancier, que de celle d'un debiteur.

[205] C'est cette nature injuste qui fait qu'un orphelin se réjoüit de la mort d'un pere, qui se seroit affligé / de le voir seulement indisposé.

Un pere regarde la vie d'un fils comme une continuité de la sienne propre: Ce fils cesse-t-il de vivre, le pere commence à sentir la mort. Combien d'enfans au contraire ne commencent à goûter la vie, qu'aprés la mort de leurs peres?

[206] La mort d'un jeune homme touche bien autrement un vieillard, que celle d'un vieillard ne touche / un jeune homme; l'experience l'apprend, & mille raisons le prouvent. Une des principales, c'est la difference des reflexions que la mort fait faire aux uns & aux autres.

[207] Mon pere meurt à soixante & dix ans, dit en luy-même cet homme qui n'en a que trente; j'ay donc encore du moins quarante ans à vivre. En calculant ainsi on se flate, mais on se console. Mon fils vient de mourir, il n'avoit que trente ans, j'en ay soixante; / j'ay beau me flater, je ne vois rien de consolant dans ce calcul.

Selon l'ordre naturel, le pere doit finir avant son fils. Si tous les enfans mouroient de douleur à la mort de leur pere, le genre humain periroit bien-tôt. N'est-ce point pour prévenir ce malheur, que la nature a pris soin d'endurcir le cœur des enfans?

[208] Ce qui fait encore qu'un pere a plus de naturel que son fils, c'est / qu'il est toûjours plus vieux que luy; les liens du sang se fortifient avec l'âge, à mesure que les passions s'afoiblissent & que leur nombre diminuë.

La rupture des liens du cœur est d'autant plus sensible qu'ils sont en plus petit nombre; & l'on peut dire qu'à un certain âge un pere ne tient presque plus au monde que par ses enfans.

[209]   La nature nous fournit dans les arbres une image / de l'ingratitude des enfans. Le tronc d'un arbre communique sa seve, c'est à dire en terme de Jardinier, son amitié aux branches qui sortent de luy, & nous ne voyons point que la seve retourne des branches au tronc*.

      Quelques enfans ingrats vont conclure de là, que l'ingratitude est donc fondée sur la nature; qu'ils considerent dans ce même arbre, que les branches ressentent bien plus vivement le mal qu'on fait à [210] leur tige, que la tige ne ressent celuy qu'on fait à ses branches. Un Poëte Italien ajoûteroit que l'amour filial des branches les fait expirer de douleur du même coup de cognée qui abat la tige, & que la tige dénaturée reverdit souvent de joye, après qu'on luy a coupé ses branches.

      La contrarieté de ces deux comparaisons dans un même sujet, me met en humeur de chercher quelques raisons pour prouver tout le contraire [211] de ce que / je viens d'établir. J'ay dit que les peres sont plus touchez de la mort de leurs enfans, que les enfans de celle de leurs peres: voicy quelques motifs de consolation pour ceux-cy, & d'affliction pour les autres.

      Tu vois dans ton fils celuy qui te doit survivre; avertissement fatal, objet importun: cet objet disparoît, sujet de consolation.

[212]   Tu vois dans ton pere celuy à qui tu dois survi/vre; en le voyant, tu raisonnes ainsi: Je suis venu en ce monde trente ans aprés luy, je n'en dois sortir que trente ans après; tant qu'il vivra, j'ay mes trente années franches. Par ce raisonnement, la vie du pere fait dans l'imagination du fils une espece de rempart contre la mort; ce rempart tombe, sujet d'affliction(c).

      Un fils est accoûtumé dés sa naissance à avoir un pere(a); il [213] est attaché à luy par les préjugez de l'en/fance. Est-il de plus forts liens & plus difficiles à rompre?

      A l'égard du pere, il n'a commencé d'avoir des enfans que vers l'âge de raison; & cette raison a dû l'empêcher de s'attacher trop à une chose qu'il pouvoit perdre.

      Un pere perd à la mort de son fils une personne qu'il aime; un fils perd en son pere une personne dont il est aimé: c'est perdre [214] beaucoup davantage, / puisque la perte est plus irreparable. Il est bien difficile de retrouver qui nous aime; il ne l'est pas tant de retrouver qui nous puissions aimer.

      Ajoûtez à cela; qu'un pere qui perd un fils, peut esperer d'en avoir d'autres; mais à parler juste, on ne peut avoir qu'un pere en sa vie.

      Les reflexions commencent à m'enuyer*, rentrons dans le Cercle [215] Bourgeois; j'y remarque qu'un faiseur / de reflexions continuelles, est un ennuyeux personnage; il ne vous donne pas le temps de respirer.

      Ce jeune Magistrat a beaucoup d'esprit; mais il dogmatise pour se rendre plus venerable. Il dit tout par maximes, jusqu'aux complimens; il veut être solide dans les conversations les plus enjoüées, & ne badine que par sentences.

[216]   C'est une chose admi/rable, luy dît une grosse réjoüie, que vous sçachiez si bien faire le vieillard à trente-cinq ans; vôtre voisine qui en a cinquante, n'a pas si bonne grace à faire la jeune.

Une vieille, répond nôtre jeune Doyen, une vieille qui travaille à se rajeunir, & qui veut revoir le païs du bel âge, y va plus loin qu'elle ne croit; en courant à la jeunesse, elle retombe dans l'enfance.

[217]   A qui en veut cette Dame qui traverse l'assemblée sans regarder personne? Son habillement est plus que negligé, sa coëfure n'est qu'ébauchée: elle a les yeux batus & la voix éteinte, vous devinez bien que c'est une joüeuse: elle tire à part nôtre homme grave, pour luy emprunter vingt Louïs-d'or qu'elle luy demande tout bas. Oüy dea, répond-il tout haut, afin qu'on l'entende, ma bourse est à vôtre service;
[218] mais considerez à quelles / extremitez le jeu.... Hé! donnez vîte, interromp* la Joüeuse, on m'attend. Faites reflexion, continuë-t-il en cherchant sa bourse, que vous étiez il y a six mois la plus charmante personne du monde: La reconnoissez-vous, Mesdames, depuis qu'elle s'est abandonnée au desordre du Lansquenet? Helas! si une femme possedée du jeu oublie de se parer & de conserver sa beauté, que n'oublieroit-elle point dans l'occasion?

[219]   La Joüeuse avale cette avanie, dans l'esperance des vingt Louïs-d'or; le prêcheur indiscret les tire de sa bourse, en continuant de moraliser avec une telle application, que la Joüeuse a pris la bourse, couru au Lansquenet, & perdu l'argent avant qu'il ait achevé de prouver qu'elle ne devroit point joüer.

Mais il n'est pas temps de s'impatienter, il ne fait encore que
[220] commencer son sermon; la Joüeuse / vient de luy fournir un texte, il va diviser en trois points la conversation; que je plains deux ou trois femmes dont il s'est fait un auditoire! elles voudroient bien le laisser parler tout seul; mais elles ont des procés, elles iront bien-tôt le fatiguer par leurs sollicitations; il est bien juste qu'elles se laissent ennuyer par ses reflexions.

Réjouïssez-vous, Mesdames, je vois venir un jeune Cavalier de
[221] ceux que vous appellez de jolis hom/mes; celuy-cy est des mieux tournez. Il attire déja vos regards, je prévois que vous l'écouterez plus volontiers que le Senateur, que son arrivée a interrompu; ses discours seront moins chargez de morale.

A peine l'aimable Cavalier a-t-il paru, qu'il est entouré de toutes les femmes du Cercle; les unes le connoissent, les autres ont envie de le connoître; toutes enfin, s'empressent de l'approcher. Quelle fureur! s'écrie mon Siamois,.....!

[222]   Icy je m'arrête tout court pour répondre à un Critique, qui me demande d'où vient presentement ce Siamois, & dequoy je m'avise de le

faire parler icy. Franchement je ne me souviens pas bien moy-même où
je l'ay laissé; j'ay dû le placer à quelque coin de mon Cercle Bourgeois,
pour êtrc spectateur de tout ce qui s'y passe. J'ay tort de vous l'avoir
fait perdre de vûë; & puisque j'avois commencé de voyager avec luy, il
[223] eût été / plus regulier de l'avoir toûjours à mes côtez. Mais qui sçait
si cette regularité ne vous eût point ennuyé? J'aime mieux encore que
mes Amusemens soient irreguliers qu'ennuyeux.

D'ailleurs, en commençant ce Livre, j'ay fait mes conventions.
Souvenez-vous-en: ne suis-je pas convenu avec moy-même, que je ne
suivrois exactement ni le voyage ni le Siamois? Je finiray donc comme
[224] j'ay commencé, sans me gêner ni dans le dessein, ni dans / les sujets, ni
dans le stile; en un mot, je me mets au-dessus de tout, excepté du bon sens.

C'est donc seulement parce qu'il m'en prend envie, que je
quitte la digression, pour sçavoir du Siamois pourquoy il s'est tant
récrié en voyant un troupeau de femmes s'ameuter autour d'un bel
homme (ce sont ses termes.) N'ay-je pas raison de m'étonner, continuë-
[225] t-il? la pluspart de ces femmes me paroissent modestes / dans leur
maintien, sages dans leurs paroles; je croy voir en elles une raison
solide, une mouche les pique, les voila aux champs*; la vûë d'un jeune
homme les met hors des gons. Est-ce donc ainsi que l'amour......?
Doucement, mon cher compagnon, doucement.

Il ne faut pas attribuer à l'amour toutes les fautes que les
femmes commettent contre la modestie, & contre la bienseance; je
[226] connois en elles une pas/sion presque aussi forte, & d'autant plus
dangereuse, qu'elles peuvent s'y abandonner sans honte: cette passion
c'est la curiosité.

Ce n'est pas amour, par exemple, c'est curiosité pure, que cet
empressement pour le Cavalier qui vient d'entrer; premierement curiosité
de voir de prés son habit; c'est un habit d'invention, tout couvert d'une
broderie imaginée, & méditée à fond; le dessein* leur plaist, il est
[227] bizare, extravagant & rai/sonné: pour en étudier l'effet, le Cavalier
s'est enfermé cinq ou six matinées avec son Brodeur; ce chef-d'œuvre
de genie merite bien toute l'attention des Dames.

Autre motif de curiosité pour elles: ce joli homme a la vogue
depuis peu; c'est la derniere mode, & il n'est permis(c) qu'aux
Provinciales de ne le point connoître.

[228]   Fort bien, me dit le Siamois, on m'a déja fait com/prendre combien
vos Parisiennes sont scrupuleuses sur les modes, elles auroient honte
de porter un habit de l'an passé; selon la regle des modes, ce joli
homme leur paroîtra bien laid l'année qui vient.

Mais je leur pardonne de suivre l'usage du païs, je suis fâché
d'avoir mal interpreté leur curiosité; je ne jugeray plus du cœur des
femmes par leurs démarches(c).

[229]   A l'égard de vôtre joly / homme, la curiosité me prend aussi
de sçavoir si son esprit répond à sa figure; mais il n'a point encore

44

parlé, commencera-t-il bien-tôt? Les Dames qui l'environnent, dis-je
à mon curieux, ont autant d'impatience que vous de l'entendre parler,
écoutons.

Elles luy adressent toutes la parole; que répond-il? tantôt oüy,
tantôt non, & tantôt rien: il parle à l'une des yeux, à l'autre de la
[230] tête, & soûrit à celle-là / d'un air si misterieux, qu'on croit qu'il
y entend finesse; on devine qu'il a tout l'esprit du monde: sa
phisionomie parle, son air persuade, mais sa representation fait
toute son éloquence; si tôt qu'il s'est montré, il a tout dit.

C'est dommage que la nature n'ait pas achevé son ouvrage; pour
peu qu'elle eût joint d'esprit(c) à un exterieur si prévenant, on lui
eût passé mille balivernes* pour un bon mot.

[231]   Mais nos Dames commencent à se lasser d'entretenir une idole;
chacune prend le parti d'aller parler à quelqu'un qui luy réponde.
Le Cavalier va dans la chambre voisine, ne pensant qu'à étaler ses
charmes; mais il est frapé d'abord de ceux d'une jeune femme; il
l'assiege des yeux, il la minaude*, il l'aborde enfin*.

Cette Dame est fort reservée; mais tout charmant que luy paroisse
[232] le Cava/lier, son abord ne l'alarme point, & c'est encore la curiosité
qui l'expose avec luy au peril d'un tête-à-tête: Elle se dispose donc
à écouter l'Avanturier. Voyons comment il se tirera d'affaire avec
elle.

Il doit être fort embarrassé auprés de cette femme; elle a
beaucoup d'esprit, elle ne se payera pas de mines; cependant nous en
voyons des plus spirituelles qui ne méprisent pas un bel exterieur:
[233] aussi nôtre joly homme se / promet-il bien qu'en persuadant qu'il aime,
il persuadera facilement qu'on le doit aimer. Il met en usage les
tours d'éloquence les plus fins, & les expressions les plus touchantes
du langage muet; c'est sa langue naturelle, il la parle bien; mais la
belle Dame l'entend mal: que fera-t-il donc pour s'expliquer clairement?
Il a au doigt un diamant d'un grand prix, il faut trouver une maniere
galante de l'offrir: il prend un air enjoüé & badin, qui luy donne
[234] lieu de poser sa / main dans toutes les atitudes qui peuvent faire
briller son diamant aux yeux de l'indifferente. Il l'ébloüit, elle
tourne la tête d'un autre côté, ce badinage l'importune; c'est pourtant
l'unique ressource du sot, il est fort étonné de trouver une femme à
l'épreuve d'un homme comme luy, & d'un diamant comme le sien; c'est
une insensible, c'est une cruelle.

[235]   Dans le moment qu'il desespere de son entreprise, / cette cruelle,
cette insensible luy saisit brusquement la main, pour voir de prés le
diamant dont elle détournoit d'abord les yeux: quel changement de fortune
pour un amant rebuté! Il reprend courage; & pour faire une declaration
en abregé, il tire la bague de son doigt & la presente. On la prend;
& afin de la mieux considerer, on redouble d'attention: il redouble
d'esperance & de hardiesse, il croit être en droit de baiser une main
[236] qui reçoit / son diamant. La Dame est si attentive à le regarder,
qu'elle ne pense point à se fâcher, au contraire elle soûrit, & sans

autre ceremonie met la bague à son doigt.

C'est à present que la conquête est assurée: l'amant transporté
de joye, propose l'heure & le lieu du rendez-vous. Monsieur, luy dit
alors la Dame, d'un grand sang froid, je suis charmée de ce diamant; &
[237] ce qui fait que je l'ay acce/pté sans scrupule, c'est qu'il m'appartient:
Oüy, Monsieur, le diamant est à moy; mon mary le prit sur ma toilette
il y a trois mois, & me fit croire ensuite qu'il l'avoit perdu.

Cela ne peut être, repliqua le fat, c'est une Marquise qui me
l'a troqué.

Justement, continuë la femme, mon mari connoist cette Marquise;
[238] il lui a troqué mon diamant, la Marquise vous l'a troqué, / & moy je
vous le prens pour rien, quoique mon mari meritât bien que je fusse
d'humeur à en donner le même prix qu'il en a reçû de la Marquise.

A ce coup imprévû, le joly homme demeure interdit & confus: c'est
en cette occasion que je luy pardonne d'être muet, un homme d'esprit
le seroit à moins.

Aprés le dénoüiement de cette scene, on entend du bruit dans
[239] l'anticham/bre;   c'est un pauvre valet qui voit entrer un homme tout
doré. Hé bonjour, lui dît le valet, bonjour, mon ancien Camarade. Tu
en as menti, replique l'autre, avec un souflet. Sotise des deux parts;
le valet ne pense pas à ce qu'il est, ni l'autre à ce qu'il a été;
la pauvreté ôte le jugement, & les richesses font perdre la memoire.

Cet homme qui s'offense de la familiarité d'un valet, familiarise
[240] avec un Duc & Pair: quelle dis/tance de luy au Duc! mais entre luy &
le valet, je ne vois que le temps & l'argent.

Vous vous étonnez qu'il se méconnoisse(c) depuis peu; il étoit,
dites-vous, si modeste dans les premiers temps de sa fortune; d'accord,
il eût été le premier à vous dépeindre l'état naturel de sa misere passée,
& les miracles de sa prosperité subite. Tout cela frapoit encore les
[241] yeux du monde, & il se faisoit un merite d'en parler, pour / fermer la
bouche à ceux qui en parloient avant luy; ont-ils commencé à se taire,
il s'est teu. A mesure que les autres oublient la bassesse de nôtre
origine, nous l'oublions aussi; mais par malheur les autres s'en
ressouviennent de temps en temps: & quand nous avons une fois commencé
à nous oublier, c'est pour toûjours.

Ce grand Seigneur fut toûjours élevé en grand Seigneur; son ame
[242] est aussi noble que son sang, je l'es/time sans l'admirer; mais celuy
qui par ses vertus s'éleve au-dessus de son sang & de son éducation, je
l'estime & je l'admire.

Toy donc de qui les vertus égalent la fortune, pourquoy cacherois-
tu un défaut de naissance, qui releve l'éclat de ton merite?

Et toy qui n'as d'autre merite que d'avoir fait fortune, fais-
[243] nous voir toute la bassesse du passé, nous n'en sentirons que / mieux

le merite de ton élevation*.

Ceux qui sont tombez du haut de la fortune, regardent toûjours l'élevation où ils ont été*(c)*; mais ceux qui se sont une fois élevez, ne peuvent plus regarder en bas.

[244] Cependant il seroit salutaire à ceux-cy, de bien envisager leur premiere bassesse, pour tâcher de n'y plus retomber; & ce seroit un bien pour les autres de perdre de vûë une éleva/tion qui leur fait mieux sentir la grandeur de leur chûte.

Voila, dit-on, un homme qui fait si fort le grand Seigneur, qu'il semble qu'il n'ait jamais été autre chose. Hé! c'est souvent parce qu'il le fait trop, qu'on s'apperçoit qu'il ne l'a pas toûjours été.

[245] Pendant que j'ay fait mes reflexions, mon Siamois a fait aussi les siennes; il s'étonne moins de l'homme doré qui se mé/connoît, que de l'assemblée qui semble le méconnoître aussi.

On luy fait un accueil de Prince; ce ne sont pas des civilitez, ce sont des adorations. Hé, n'étes-vous pas contens, s'écrie nôtre Siamois, n'étes-vous pas contens d'idolatrer les richesses qui vous sont utiles? Faut-il encore idolatrer un riche qui ne vous sera jamais d'aucun secours?

[246] J'avouë, continuë-t-il, / que je ne puis revenir de mon étonnement; je vois entrer dans vôtre Cercle un autre homme de bonne fisionomie, on ne fait nulle attention sur son arrivée. Il s'est assis, il a parlé, & parlé même de tres-bon sens*(c)*; cependant personne ne l'a écouté*(c)*, & j'ay pris garde qu'insensiblement chacun défiloit d'un autre côté, en sorte qu'il est resté seul à son bout.

Pourquoy le fuit-on ainsi, ai-je dit en moi-même, a-t-il la peste?

[247] Dans l'instant j'ay remarqué que tous ces deserteurs se rangeoient auprés de l'homme doré qu'on fête*(c)* tant; j'ay compris par-là que la contagion de celuy-cy c'est la pauvreté.

[248] O Dieux! s'écrie le Siamois, entrant tout à coup dans un entousiasme semblable à celuy où vous l'avez vû dans sa lettre; O Dieux! transportez-moy vîte hors d'un païs où l'on ferme l'oreille aux sentences du pauvre, pour écou/ter les sotises du riche! il semble qu'on refuse à ce vertueux mal-vétu, sa place entre les hommes, pendant qu'on met ce riche sot au rang des Dieux. En voyant cela, j'aurois presque envie de pardonner à ceux qui s'enflent de leur prosperité: celuy-cy fut autrefois moins qu'homme parmi vous, vous en faites à present une divinité. Ah! si la tête tourne à ce nouveau Dieu, il s'en faut prendre à ceux qui l'encensent.

[249] Il y a parmi nous, continuë-t-il, des peuples qui adorent un certain oiseau, à cause de la richesse de son plumage. Pour justifier la folie où leurs yeux les ont engagez, ils se sont persuadez que cet

animal superbe a en luy quelque esprit divin qui l'anime; leur erreur
est encore plus tolerable que la vôtre: car enfin, cet animal est muet;
mais s'il pouvoit parler, ainsi que vôtre homme doré, ils reconnoîtroient
[250] que ce n'est qu'une bête, / & cesseroient peut-être de l'adorer.

L'entousiasme eût mené trop loin nôtre Voyageur[c] sincere; pour
l'obliger à ne plus parler, je luy fis remarquer un personnage du
Cercle, qui merite bien qu'on leve le voile dont il se couvre pour
attirer la confiance des sots*.

Examinez-le bien, ce serieux extravagant. Sa marote c'est la
[251] probité: marote aimable, si son cœur en étoit attaqué, mais il / n'en
est frapé qu'à la tête.

On ne s'est point encore apperçu qu'il fût ni voleur, ni faussaire:
sur cette confiance, il se met à la tête de tous les gens de bien.

Il exige une foy aveugle pour ce qu'il dit; écoutez-le comme
la verité même. Affirme-t-il que ce roturier est noble, on n'ose
plus luy demander ses titres.

[252]   Bien plus, il veut être crû sur les choses d'opi/nion, comme
sur les choses de fait.

Hier deux Astronomes, bons amis d'ailleurs, mais ennemis mortels
dans la dispute, en étoient déja aux injures; l'homme de probité
arriva, & ne doutant point qu'un seul mot de sa bouche ne dût établir
la paix entre eux: fiez-vous à moy, dît-il au plus emporté; en homme
d'honneur, ce n'est point le monde qui tourne, c'est le Soleil.

[253]   S'il fait quelque affaire, il pretend que son mot soit un Arrest
dont on ne puisse appeller sans injustice. Il s'offense qu'on songe
seulement à prendre avec luy les sûretez ordinaires. On doit sçavoir,
que sa promesse verbale vaut mille Contracts. Il eût volontiers exigé
des parens de sa femme, qu'ils la luy eussent donnée en mariage sur sa
parole.

[254]   Il se pique d'être toûjours exactement vray dans / ses expressions.
Selon luy l'exageration est un mensonge horrible; & c'est trahir la
verité que de s'exprimer foiblement dans les choses même[c] qu'on devroit
taire. Où trouverons-nous donc un modele de cette exactitude
impraticable[c]? Vous la trouverez[c] en luy seul; pesez-bien, vous
dira-t-il, la force de mes paroles. Vous devez croire simplement ce
que je vous dis, rien de moins, ni rien au delà: en une occasion seule
[255] il vous permettroit d'ajoûter, c'est / quand il fait son propre éloge,
& il le fait à tout propos.

Sur quelque sujet que roule la conversation, il s'y jette à bon
sens perdu, pour faire l'étalage de ses vertus.

Une femme, par exemple, après avoir bien prouvé qu'il n'y a plus
dans nos jeunes gens, ni galanterie, ni sincerité, s'écriera plaisamment:
[256] Ah! j'ay tort, Messieurs, j'ay tort, il y a encore de la sincerité par/mi

les hommes, ils disent tout ce qu'ils pensent des femmes!

A propos de cette espece de sincerité, nôtre homme croit pouvoir mettre sur le tapis celle(·) dont il se pique; chacun a ses défauts particuliers, dit-il, mais tout le monde a celuy de la dissimulation: mon défaut à moy, c'est d'être trop sincere.

[257] On tombe sur une autre matiere : il y a des riches si durs, dira un hom/me ruïné, qu'il entre de la dureté dans leur compassion même; s'ils regardent le malheur d'autruy, c'est pour mieux goûter leur bonheur propre.

Quel excés de dureté! s'écrie l'homme d'honneur; à mon égard je tombe dans un excés tout opposé, je m'attendris d'un rien; je suis trop bon, c'est encore un défaut dont je ne me corrigeray jamais.

[258] Un autre enfin, qui dans la suite d'un recit, / prononce par occasion le mot d'avarice, se voit interrompu par le personnage, qui declare net que la liberalité est son vice.

Ah! Monsieur, dit froidement l'homme interrompu, vous avez-là de grands vices, sincerité, bonté, liberalité; l'excés de modestie qui vous fait avoüer ces vices, fait comprendre que vous avez toutes les vertus contraires.

[259] Voila, ce me semble, / rompre en visiere à l'homme d'honneur; c'est tirer sur luy à brûle-pourpoint: il devroit être cruellement blessé, cependant il n'a pas seulement senti le coup; il s'est fait un calus* de vanité qui le rend invulnerable; il prend tout en bonne part: dites-luy d'un ton ironique: O le grand Heros de probité! il croit la chose à la lettre: declarez-luy tout net, que vous le connoissez pour un franc scelerat; c'est une ironie, vous plaisantez, & il entend raillerie(b).

[260] Les railleurs ont beau jeu, comme vous voyez, avec un esprit si-bien tourné: cette humeur commode, met toute l'assemblée en goût de raillerie. Quel regal pour les diseurs de bons mots! ils peuvent là se rendre intelligibles à tous, hors à celuy qu'ils drapent*. Cependant leur malignité n'est pas encore contente, le plaisir seroit de le piquer au vif pour confondre sa vanité; ils se hasardent à l'attaquer [261] en face: vous n'y gagne/rez rien, sa vanité est un mur d'airain, tous vos traits s'émoussent, & vôtre venin ne fait que blanchir*; c'est pourtant dommage de perdre le fruit d'une raillerie si mordante.

Mais je m'apperçois qu'il n'y aura rien de perdu; voicy un esprit de travers, qui prend pour luy tout ce qu'on a dit pour l'autre: il rougit, il pâlit, il perd contenance, il deserte enfin, & sort en menaçant des yeux toute l'assemblée.

[262] Que juge-t-on de cette levée de bouclier*? Tout le pis qu'on peut; c'est l'esprit du monde: S'il n'avoit que la tête mal saine, dit-on, il n'auroit pas été si sensible; mais apparemment sa conscience est si ulcerée, qu'on ne peut toucher aucune corde, qui ne réponde à

quelque endroit douloureux; en un mot, tout le blesse, parce qu'il est capable de tout.

[263]   Voila deux caracteres / qui paroissent fort opposez; cependant il seroit aisé de prouver qu'ils ont tous deux le même fond: Quel est ce fond? Devinez-le si vous pouvez: un mot ne suffiroit pas pour vous l'expliquer nettement, & je n'ay pas le loisir[a] d'en dire davantage. J'entens venir un homme qui m'est connu; il m'interromproit sans misericorde, j'aîme autant le prevenir & me taire.

[264]   Silence, silence, & tenez-vous dans le respect*; / vous allez voir paroître un de ces grands Seigneurs, qui croyent que tout leur est dû, & qui doivent à tout le monde; sa voix bruîante se fait entendre du bas de l'escalier; on vient l'annoncer, & chacun prend son serieux lors qu'il entre avec un air riant & un visage ouvert qu'il referme tout à coup appercevant son ennemi: il luy soûrit neanmoins par politique, & luy fait mille protestations d'amitié;

[265]   mais en offrant ses services, il pâlit comme un / Gascon qui offre sa bourse.

A peine est-il assis, qu'il s'empare de la conversation, parle en même temps à quatre personnes de quatre affaires differentes; interroge l'un sans attendre la reponse de l'autre; propose une question, la traite & la resout tout seul; il ne se lasse point de parler, on se lasse de l'entendre, chacun s'écoule. Et voila le Cercle fini.

[266]   Le Siamois me demande si nôtre Voyage l'est aussi. A peine est-il commencé, luy dis-je, vous n'avez encore fait que la premiere journée. J'y renonce donc, reprend-il brusquement; car avant que j'aye fait toutes mes reflexions sur ce que j'ay vû dans cette premiere journée, je serai trop vieux pour en faire une seconde.

[267]   Vous avez raison, luy dis-je, la vie de l'homme / est trop courte pour bien connoître un seul homme.

Il faudroit vivre au moins un siecle pour connoître un peu le monde, & en revivre encore plusieurs pour sçavoir profiter de cette connoissance.

Nous sommes trop curieux de sçavoir ce que le monde fait, & pas assez d'apprendre ce qu'il devroit faire; c'est pour cela qu'on voit

[268]   tant de gens qui sçavent comme* on / vit, & fort peu qui sçachent vivre.

Le mot de *Sçavoir vivre,* renferme, ce me semble, toute la sagesse humaine; cependant l'usage a bien affoibli cette expression. On appelle un homme qui sçait vivre, celui qui ne manque point de politesse; on s'informe peu s'il manque de probité.

Une autre expression dont on abuse encore, c'est celle de

[269] *Connoissance du monde:* tel passe pour con/noître le monde, qui n'a
la tête pleine que de faits: un tel mourut hier, il avoit été cecy, il
avoit été cela; il laisse douze cens mille livres*: on parle de marier
son heritiere à un Seigneur malaisé. Telle & telle chose est arrivée:
enfin, celuy qui sçait le mieux toutes les minucies d'une histoire du
temps, s'attire de l'attention & de l'estime; c'est un genie superieur,
une bonne tête qui connoît le monde. Et si vous vous avisiez de faire
[270] une reflexion solide sur ces / évenemens, on diroit de vous, c'est un
parleur ennuyeux, qui ne connoît pas le monde.

On permet pourtant les reflexions satiriques; mais on ne reçoit
point celles qui instruisent, on n'écoute que celles qui mordent.

De tout cecy le Siamois conclut, que la vie des François se
passe à s'examiner & à se moquer les uns des autres: & j'en conclus
[271] moy, par rapport à / mon sujet, que le plus grand & le plus ordinaire
de tous les Amusemens, c'est celuy que le Public donne aux particuliers,
& que les particuliers donnent au Public.

Le Public est un grand spectacle toûjours nouveau, qui s'offre
aux yeux des particuliers & les amuse.

Ces particuliers sont autant de petits spectacles diversifiez
[272] qui se presentent à la vûë du Public, / & le divertissent.

J'ay déja fait voir en racourcy, quelques-uns de ces petits
spectacles particuliers; nôtre Voyageur exige encore de moy que je luy
dise un mot du Public.

AMUSEMENT

DOUZIEME

ET DERNIER

LE PUBLIC

Le Public est un souverain, duquel relevent tous ceux qui travaillent pour la reputation, ou pour le gain.

[274]   Ces ames basses qui ne se mettent guere en peine / de meriter son approbation, craignent au moins sa haine & son mépris.

Le droit qu'il a de juger de tout, a bien produit des vertus, & bien étouffé des crimes.

Sans la crainte de ses jugemens, que de Heros auroient été moins Heros[c]! que de Guerriers pacifiques! combien peu de vertueux se seroient fait aimer! que de scelerats se seroient fait craindre!

[275]   Les exhortations des peres, le naturel des enfans, l'amour des maris, la vertu des femmes, tout cela auroit bien peu de force, sans le Qu'en dira-t-on du Public, qui retient chacun dans son devoir.

Tout le monde fait sa cour au Public; les ambitieux briguent sa faveur, & les honnêtes gens son approbation: les coquettes veulent s'attirer ses regards, & les femmes de bien son estime; les grands /
[276] recherchent son amitié, les petits n'en veulent qu'à son argent.

Le Public a l'esprit juste, solide & penetrant; cependant comme il n'est composé que d'hommes, il y a souvent de l'homme dans ses jugemens.

Il se laisse prévenir comme un simple particulier, & nous prévient ensuite par l'ascendant qu'il a pris sur nous depuis tant de siecles.

[277]   On a beaucoup de ve/neration pour ses jugemens: car on sçait que c'est un Juge insensible à l'interest & aux sollicitations.

Il y a tel particulier qui vit & meurt dans ses preventions; mais comme le Public ne meurt point, il revient infailliblement des siennes; quelquefois par malheur il en revient un peu tard. Si nous vivions deux ou trois siecles, chacun joüiroit à la fin de la reputation qu'il merite.

[278]   Cela ne seroit pourtant pas sûr, car ce Public est si malin, qu'il rend moins volontiers justice aux vivans qu'aux morts; & que souvent il n'éleve les morts que pour rabaisser les vivans.

Le Public est un vray Misantrope; il n'est ni complaisant ni flateur: aussi ne cherche-t-il point à être flaté. Il court en foule

aux Assemblées où on luy dit ses veritez: & chacun des particuliers /
[279] qui composent ce tout, aime encore mieux se voir draper, que de se
priver du plaisir de voir draper les autres.

Le Public est le plus severe & le plus fin critique du monde;
cependant un vaudeville grossier suffit pour l'amuser toute une année.

Il est constant & inconstant; on peut dire que depuis le
[280] commencement des siecles l'esprit public n'a point changé: / voila sa
constance; mais il est amateur de la nouveauté: il change tous les
jours de facons d'agir, de langage & de modes; rien n'est plus inconstant.

Il est si grave, qu'il imprime la crainte à ceux qui luy parlent,
& si badin qu'une coëfure de travers fera rire tout un auditoire.

Le Public est servi par les plus grands Seigneurs; quelle grandeur!
[281] mais il dépend de ceux qui le ser/vent; qu'il est petit!

Le Public est, pour ainsi dire, toûjours en âge viril par la
solidité de sa raison. C'est un enfant, que le moindre joüet fait
courir comme un écervelé; c'est un vieillard qui radote quelquefois en
murmurant, sans sçavoir à qui il en veut, & qu'on ne peut faire taire
quand il a une fois commencé$^{(c)}$ à parler.

On ne finiroit point à chercher des contrarietez$^{(c)}$dans le Public,
[282] puisqu'il a / en luy toutes les vertus & tous les vices, toute la
force & toute la foiblesse humaine.

Qu'il est heureux ce Public! les Rois luy font bâtir de superbes
edifices, & luy laissent de beaux monumens$^{(b)}$, afin qu'il se souvienne
d'eux. Tous les Historiens travaillent à son Histoire: c'est pour luy
qu'on laboure, qu'on seme & qu'on recueille; c'est pour lui chercher
[283] des commoditez qu'on approfondit les beaux Arts. Com/bien d'honnêtes
gens abregent leurs jours pour luy fournir de beaux exemples & de
sçavantes instructions! Combien de Poëtes & de Musiciens se creusent
le cerveau pour le réjouïr! En un mot, on sacrifie à son utilité la
vie & les biens de chaque particulier. Voila un bonheur serieusement
établi; mais quelque Comique vous dira que le Public ne peut estre
heureux, puisqu'on luy empoisonne son vin, & que toutes ses maîtresses
sont infideles.

[284]   Reprenons le serieux, pour considerer la veritable grandeur du
Public; c'est de luy qu'on voit sortir tout ce qu'il y a de plus
considerable dans le monde: des Souverains pour gouverner les Provinces,
des Intendans pour les regler, des Guerriers pour combattre, & des
Heros pour conquerir.

Aprés que ces Gouverneurs, ces Magistrats, ces Guerriers & ces
[285] Heros se sont ainsi glorieusement / répandus de toutes parts, ils
viennent tous se rassembler à la Cour: là l'intrepidité tremble, la
fierté s'adoucit, la gravité s'humanise, & la puissance disparoît.

Là ceux qui se distinguoient$^{(c)}$ comme autant de Souverains, viennent se confondre⁽ᶜ⁾ parmi la foule des Courtisans, deviennent Courtisans eux-mêmes; & aprés s'être attiré les regards de tous, ils se contentent d'être regardez d'un seul.

[286] Comme ses regards relevent l'éclat des plus belles actions, chacun est jaloux de celuy qui se les attire; mais chacun ne laisse pas de caresser celuy dont il est jaloux.

C'est ansi que le merite qu'ils se connoissent reciproquement, & qui paroist l'unique lien de leur amitié, est souvent le principe secret de leur haine.

[287] Il est de belles ames⁽ᶜ⁾ qui s'affranchissent de ces foi/blesses vulgaires: & les veritables Heros n'ont pas plus de peine à voir la gloire des autres, qu'à partager avec eux la lumiere du Soleil.

Je conviens, dit mon Siamois en me disant adieu, que la France fournit quelques-uns de ces Heros parfaits, & leur reputation est venuë jusques en mon païs; mais c'est pour voir encore quelque chose de plus grand, que j'ay entrepris ce voyage; & voicy le raisonnement que j'ay [288] fait / en traversant les mers. La France est pleine d'Hommes illustres, qui ne s'entr'aiment guere; il y a aussi quelques vrais Heros qui s'entre-estiment sincerement; mais les uns & les autres s'accordent tous pour en reverer & en admirer un seul; il faut que ce soit un grand Homme!

F I N .

TABLE

DES

MATIERES

OU

RECAPITULATION

des pensées principales contenuës dans cet Ouvrage.

Cette Table ne peut être utile qu'à ceux qui auront déja lû les Amusemens, & qui voulant revoir quelque endroit, n'ont besoin que de quelques mots pour leur en rappeller l'idée.

A l'égard de ceux qui n'auront aucune idée de l'Ouvrage, ils auront aussi-tôt fait de lire le Livre entier, que l'Extrait le plus abregé qu'on leur en pourroit faire.

Il faut remarquer que cette Table suit l'ordre des pages du Livre, qui sont toutes chifrées de suite.

AMUSEMENT

PREMIER

Preface, qui fait corps avec le Livre même. .... p. 1

Vanité des Auteurs dans les Prefaces. .... p. 2

.... p. 3

Que le jugement d'un Livre dépend souvent de l'humeur où l'on est en le lisant. .... p. 4

Que le serieux & le comique ne sont pas incompatibles. .... p. 5

.... p. 6

Tout est amusement: vertu seule occupation. .... p. 7

.... p. 8

Les Auteurs steriles ont interest de soûtenir, qu'on ne peut rien imaginer de nouveau. .... p. 9

Ce que c'est qu'être original. .... p. 10

Piller les anciens ou les modernes. .... p. 11

.... p. 12

Le Livre du Monde. .... p. 13

.... p. 14

Si le Monde est un Livre, c'est aussi un païs, &c. .... p. 15

.... p. 16

AMUSEMENT
SECOND

Le Voyage du Monde. .... p. 17

La Cour. .... p. 18

La fortune de Cour. .... p. 19

Le terrain de la Cour. .... p. 20

Le genie des Courtisans. .... p. 21

Patrons de Cour: un homme caché derriere un autre homme. .... p. 22

Vrai merite obscurci par l'envie. .... p. 23

Obscurité dissipée: merite récompensé. .... p. 24

Courtisans oisifs. .... p. 25

Mediocrité d'état, où se trouve le vrai merite. .... p. 26

Courtisans par interêt, & Courtisans par devoir. .... p. 27

Courtisans interessez, les plus acharnez à la fortune. .... p. 28

Parallele des Courtisans & des petits Maîtres. .... p. 29

.... p. 30

.... p. 31

AMUSEMENT
TROISIEME
PARIS

. . . . p. 32

Un Voyageur Siamois qui entre dans Paris. . . . . p. 33

. . . . p. 34

. . . . p. 35

Le Siamois dans l'embarras de Paris. . . . . p. 36

Idées Siamoises sur les embarras de Paris. . . . . p. 37

. . . . p. 38

Turbulence des Parisiens. . . . . p. 39

Leur rafinement sur les commoditez & sur les plaisirs. . . . . p. 40

. . . . p. 41

AMUSEMENT
QUATRIEME
LE PALAIS

Entrée du Palais. . . . . p. 42

Les hommes amusez & occupez au Palais. . . . . p. 43

Monstre appellé Chicanne. . . . . p. 44

Chicanne encore plus à craindre que l'injustice même. . . . . p. 45

Definition comique de la Justice. . . . . p. 46

Digression. . . . . p. 47

Le Procés est éternel. . . . . p. 48

Sommeil des Juges. . . . . p. 49

Difficulté de bien instruire les Juges d'une affaire. . . . . p. 50

Avanture de la Comtesse solliciteuse. . . . . p. 51

. . . . p. 52

.... p. 53

.... p. 54

Le Siamois perdu au Palais. .... p. 55

Le Siamois retrouvé au Palais. .... p. 56

AMUSEMENT
CINQUIEME

L'Opera. .... p. 57

Entrée de l'Opera. .... p. 58

Reflexion Siamoise sur l'entrée & les billets de
l'Opera. .... p. 59

Description du païs de l'Opera. .... p. 60

.... p. 61

Les Fées de l'Opera. .... p. 62

Musiciens, habitans naturels de l'Opera. .... p. 63

.... p. 64

.... p. 65

AMUSEMENT
SIXIEME

Le païs des Promenades

Qu'il y en a de deux sortes. .... p. 66

Le Bois de Boulogne & le Cours. .... p. 67

Les Tuileries. .... p. 68

Les femmes des Tuileries, comparées par le Siamois à
des oiseaux. .... p. 69

Suite de la comparaison. .... p. 70

.... p. 71

Femmes difficiles à définir. .... p. 72

Diverses Nations des femmes. .... p. 73

58

.... p. 74

.... p. 75

On parle trop, ou trop peu des femmes. .... p. 76

Médisance. .... p. 77

.... p. 78

.... p. 79

Loy Siamoise sur la médisance. .... p. 80

.... p. 82

.... p. 83

.... p. 84

.... p. 85

Femmes encore plus jalouses de beauté que d'honneur. .... p. 86

.... p. 87

Embarras d'une jeune personne qui veut plaire. .... p. 88

Qu'il est difficile à une femme d'être bien avec
    les femmes. .... p. 89

Que la jeunesse & la beauté s'en vont à mesure que la
    raison vient. .... p. 90

Pudeur naturelle. .... p. 91

Pudeur affectée. .... p. 92

Exemple de ces deux sortes de pudeur, dans les deux
    sœurs. .... p. 93

.... p. 94

Regle déreglée d'une femme qui sçait son monde. .... p. 95

Les femmes de bien méprisent les coquettes, & ne
    laissent pas de les imiter. .... p. 96

.... p. 97

Le païs de la galanterie. .... p. 98

.... p. 99

AMUSEMENT
SEPTIEME

Le mariage: difficulté d'en parler selon le goût
    de tout le monde. p.100

Conte du Peintre à qui un jeune Amant avoit demandé
    un Portrait de l'Himen. p.101

.... p.102

.... p.103

.... p.104

.... p.105

.... p.106

.... p.107

.... p.108

Application du conte du Peintre. p.109

Le païs du mariage peuple les autres. p.110

Motifs de mariage. p.111

Pourquoy tant de mauvais ménages. p.112

.... p.113

.... p.114

.... p.115

Que ceux qui se marient peuvent être heureux. p.116

Ce que c'est que se marier. p.117

Separations. p.118

Veuvage. p.119

Tristesse du veuvage. p.120

La veuve qui n'avoit point le don des larmes. p.121

Conte d'une autre veuve inconsolable. p.122

.... p.123

.... p.124

.... p.125

.... p.126

Digression. p.127

.... p.128

AMUSEMENT
HUITIEME
L'UNIVERSITE

Obscurité du païs Latin. p.129

Le païs de la science. p.130

Geometrie. p.131

Le païs des Sistemes. p.132

.... p.133

Aristote & Décartes. p.134

.... p.135

.... p.136

Remarques sur les païs dont on a déja parlé. p.137

.... p.138

AMUSEMENT
NEUVIEME
LA FACULTE

Situation du païs de la Faculté. p.139

Langue de ce païs. p.140

Vision fiévreuse d'un malade. p.141

.... p.142

Pensée badine sur les Charlatans. p.143

S'il vaut mieux s'abandonner aux Medecins qu'à la
Nature. p.144

Rapport entre les Medecins & les Intendans de maisons........... p.145

Transition du païs de la Medecine à celuy du Jeu. p.146

AMUSEMENT

DIXIEME

LE JEU

Jeu, espece de succession. p.147

.... p.148

Le Lansquenet. p.149

Idée abstraite du Siamois, sur une assemblée de
Lansquenet. p.150

Fragmens d'une lettre Siamoise. p.151

.... p.152

.... p.153

.... p.154

.... p.155

Joüeuses. p.156

.... p.157

Academies differentes & opposées. p.158

Academie bachique. p.159

Le païs des Traiteurs. p.160

Les Cafez. p.161

Le païs des Bourdonnois. p.162

Le païs de la Friperie. p.163

Le païs des Hales. p.164

Le païs du Negoce. p.165

Autres païs. p.166

Païs perdus. p.167

AMUSEMENT

ONZIEME

Le Cercle Bourgeois. p.168

Le Cercle de la Cour. p.169

Le Cercle Bourgeois est un conseil libre, &c. p.170

.... p.171

.... p.172

.... p.173

Sentimens opposez des personnages du Cercle. p.174

Le jeune étourdy & le vieillard. p.175

.... p.176

Ceux qui paroissent le contraire de ce qu'ils sont p.177

L'indolent. p.178

La Lucresse* & la Laïs. p.179

Le nouveau riche. p.180

.... p.181

La fausse modestie. p.182

Médisance couverte. p.183

.... p.184

Recit moitié morale & moitié médisance sur un
    Negociant. p.185

Autre recit de la même espece. p.186

.... p.187

.... p.188

La femme sçavante & le Poëte. p.189

.... p.190

.... p.191

.... p.192

.... p.193

.... p.194

L'heritier en deüil. p.195

.... p.196

.... p.197

.... p.198

.... p.199

.... p.200

.... p.201

Que la tendresse filiale n'est pas comparable à l'amour
  paternel. p.202

.... p.203

.... p.204

.... p.205

.... p.206

Raison comique de la dureté de cœur des enfans pour
  leurs peres. p.207

.... p.208

Comparaison de l'arbre. p.209

.... p.210

Raisons de consolation, pour un pere qui voit mourir
  son fils. p.211

Raisons d'affliction pour un fils qui voit mourir son
  pere. p.212

Autres raisons sur le même sujet. p.213

.... p.214

Le jeune Doyen. p.215

.... p.216

La Joüeuse. p.217

	....	p.218
Le Joly-homme.	....	p.220
	....	p.221
Digression.	....	p.222
	....	p.223
	....	p.224
Curiosité des femmes.	....	p.225
	....	p.226
	....	p.227
	....	p.228
	....	p.229
	....	p.230
Avanture du diamant.	....	p.231
	....	p.232
	....	p.233
	....	p.234
	....	p.235
	....	p.236
	....	p.237
	....	p.238
L'homme doré & valet.	....	p.239
	....	p.240
Reflexions sur les gens de fortune.	....	p.241
	....	p.242
	....	p.243
	....	P.244

.... p.245

.... p.246

Entousiasme du Siamois. p.247

.... p.248

.... p.249

L'homme de probité. p.250

.... p.251

.... p.252

.... p.253

.... p.254

.... p.255

.... p.256

.... p.257

.... p.258

.... p.259

.... p.260

L'esprit de travers. p.261

.... p.262

Le grand Parleur. p.263

.... p.264

Fin du Cercle Bourgeois. p.265

.... p.266

.... p.267

Le sçavoir vivre. p.268

Ce qu'on appelle connoître le monde. p.269

Conclusion Siamoise. p.270

.... p.271

.... p.272

AMUSEMENT

DOUZIEME

ET DERNIER

Le Public. p.273

.... p.274

.... p.275

.... p.276

.... p.277

.... p.278

Contrarietez dans le Public. p.279

.... p.280

.... p.281

.... p.282

.... p.283

Veritable grandeur du Public. p.284

.... p.285

.... p.286

.... p.287

Raisonnement Siamois. p.288

Fin de la Table.

CORRECTIONS PROPOSEES DANS L'ERRATA DE L'EDITION ORIGINALE

(Les sigles entre parenthèses indiquent les éditions dans lesquelles
l'erreur a été maintenue.)

Page 8. 1.8   voicy, *lisez* voila. (B E)*

p. 29. 30. 3 .   Petit Maître, *doit être en lettre italique, comme
                     mot nouveau.* (B K)

p. 31. 1. 6.   *ôtez* & & *mettez* une virgule *aprés* flateur. **

p. 183. 1. 16.   sel atique, *lisez* sel critique.

p. 193. 1. 3.   noise, *ce mot doit être en lettre italique, comme un
                     mot proverbial & qu'on donne pour tel.* (C)

* Les deux premières erreurs figurant sur cette liste, maintenues dans
le texte de B, sont signalées dans l'Errata à la fin du volume.

** Dans le texte de B on trouve à la fois le signe & et la virgule. La
correction proposée dans l'Errata de A est pourtant reproduite
exactement dans celui de B.

LEÇONS REJETEES

(Les sigles entre parenthèses indiquent les éditions dans lesquelles
l'erreur est reproduite.)

Privilège   :   seelé

p. 11   :   onne laisse pas de les reconnoître

p. 22   :   s'y ttouve quelquefois

ibid.   :   il n'agit n'y ne parle (C D F G J L)

p. 56   :   pour ny jamais rentrer (C F G)

p. 68   :   c'est qu'on y y est tourmenté

p. 70   :   Ils ... marchent toûjours élevées à un pied de terre
                   (B C D E F G H J K)

p. 72   :   elles se distingueront bien d'elles-même (C D)

p. 98   :   je n'y reçonnois plus rien

p. I04	:	je vous rapporteray ce Tableau dans quelque mois (B C E F G H J L)
p. II2	:	puis qu'on se marie (B C D E F G H J K L)
p. II6	:	pour avoir de la socité
p. I24	:	au seul non de Babichonne (B E)
p. I27	:	qu'on ne pleura plus Bichonne (C D F G J L)
p. I32	:	Quoiqu'il en soit (B C D E)
ibid.	:	entre autre choses (C D E)
p. I43	:	d'eau de poulet & de mulsion (B C D)
p. I5I	:	toute visionnaire quelle paroisse (C D F G J K L)
p. I76	:	un homme de quatre-vingt ans (B C D E F G H J K L)
p. I80	:	qu'elle l'haïra toûjours (B C D E)
ibid.	:	une fille qui haït l'amour (C D E G H J K L)
p. I86-I87	:	accoûtumez à recueillir (C D F G L)
p. I88	:	un mauvais plaisant qui m'interrompit (B C D E F G H J K L)
p. I92	:	quand je luy en faits des reproches (B C D E F G H J K); fait (L)
p. 2I5-2I6	:	C'est une chose admible (B C E)
p. 22I	:	Qu'elle fureur (C D F G J K)
p. 225	:	les voila au champs (B D E F G J K L)
p. 233	:	Il met en usase
p. 253	:	qu'ils la luy eussent donné en mariage (B C D E G H J K)
Table (p.89)	:	d'être bien avec les les femmes (D)

NOTES

(Rappelons que ces notes, ainsi que les variantes qui suivent,
se rapportent aux pages de l'édition originale, dont les
numéros sont indiqués en marge de notre texte. Pour avoir des
précisions bibliographiques sur les ouvrages cités dans ces
notes, l'on consultera notre bibliographie.)

p.5   *sous sa main* : La composition hâtive des *Amusements* a amené
Dufresny à faire une entorse à la logique. Elle disparaît
dans les révisions de l'édition E.

p.7   *occupation* : Lieu commun à cette époque. Fénelon fait dire à
Mentor qu' 'on ne cesse de parler de vertu et de mérite, sans
savoir ce que c'est précisément que le mérite et la vertu. Ce
ne sont que de beaux noms, que des termes vagues, pour la
plupart des hommes, qui se font honneur d'en parler à toute
heure' *Les Aventures de Télémaque,* p.489.

p.12   *sur les Modernes* : Allusion à la *Querelle des Anciens et des
Modernes* qui était alors à son point culminant. Ici, sans
prendre définitivement parti, Dufresny se contente de
caricaturer un Ancien. Cependant, il exprime clairement ses
préférences tout au long du *Parallèle d'Homère et de
Rabelais,* où on lit, par exemple, qu'il cherche à 'délasser
le public d'une admiration continuelle & gênante, où l'on
veut l'assujettir en faveur des anciens' *Œuvres,* IV, 238.

p.25   *médiocrité* : Sans nuance péjorative, ce mot désigne le juste
milieu.

p.26   *un galant homme* : Un galant homme était, selon Furetière, 'un
homme qui a l'air du monde; qui est poli, qui tâche à plaire,
& particulierement aux Dames, par ses manieres honnêtes, &
complaisantes; qui a beaucoup d'esprit, de la delicatesse, de
l'enjouëment, des manieres touchantes, aisées, & agreables'.
Selon Méré, le galant homme avait quelque chose de plus que
l'honnête homme; voir *(Œuvres du) Chevalier de Méré,* I, 17-20.

p.29   *Petit-Maître* : Furetière, qui cite, entre autres, ce passage
des *Amusements,* explique ainsi le terme: 'c'est un nom qu'on a
donné aux jeunes Seigneurs de la Cour; on pretend qu'il
commença à être en usage dès le temps que le Duc Mazarin fils
du Marechal de la Mailleraye fut reçu en survivance de la
charge de Grand-Maître de l'Artillerie. On donna ce nom de
petits-maîtres aux gens de qualité qui étoient du même âge que
lui. Ensuite il a passé sans distinction à tous ceux qui
prennent l'air, & les manieres des gens de qualité, qui se
mettent au dessus des autres, qui decident de tout souverainement,
qui se pretendent les arbitres du bon goût, & de la politesse,
pour regler la destinée des pieces de theatre, donner le prix

à tout, & faire la loi aux autres'. Cf. Voltaire, *Le Siècle de Louis XIV*, I, 73.

p.31   *flateur, insinuant* : Réminiscence possible d'un passage où La Bruyère parlait, croyait-on, de Langlée : 'Les cours ne sauraient se passer d'une certaine espèce de courtisans, hommes flatteurs, complaisants, insinuants, dévoués aux femmes, dont ils ménagent les plaisirs, étudient les faibles et flattent toutes les passions' *Caractères*, p.224-225 et n.

p.33   *bigeares* : Forme vieillie de 'bizarre'. Peu usitée à l'époque de Dufresny, et désapprouvée par Furetière, elle est remplacée par 'bizarre' dans les contrefaçons hollandaises du texte. Tout en préférant 'bizarre', Vaugelas acceptait les deux formes du mot; voir *Remarques*, p.330; autres avis : *Commentaires*, II, 554.

p.35   *abstraites* : D'après Furetière ce mot comporte un certain *excès* de subtilité et d'imprécision. Tout en notant que cet excès existe chez ses compatriotes, Dufresny prévient la critique que les réflexions du Siamois risquent de provoquer.

ibid.   *l'essort* : Puisque, comme l'affirme Longchamp, 'les règles de l'Académie ne s'étaient pas encore imposées aux imprimeurs' (voir notre Introduction, p.xix), on ne peut pas considérer qu'il y ait ici une faute d'orthographe. Dans la seule édition E on lit 'essor'.

p.38   *peril de mort* : Genre d'observation que l'on trouve souvent chez les précurseurs de Dufresny; voir le recueil de P.-L. Jacob, *Paris ridicule et burlesque*, passim. Montesquieu reprendra le même sujet; voir *Lettres persanes*, xxiv.

p.39   *promt* : Dans les seules éditions B et E on lit 'prompt'; toutes les autres reproduisent l'orthographe de l'édition A; cf. notre note se rapportant à la page 35.

p.40   *commodité* : Mot qui avait des sens multiples à l'époque où écrivait Dufresny; ici: 'aise, facilité de vivre, sans peine, & sans fatigue' (Furetière).

p.44   *quel contraste* : On trouve des observations du même genre dans *La Ville de Paris* de Berthod; voir *Paris ridicule et burlesque*, p.132 et suiv. Selon Paul Vernière, Montesquieu doit à Dufresny l'idée de la quatre-vingt-sixième des *Lettres persanes*; voir l'édition citée, p.181n.

p.50   *le Factum* : 'Memoire imprimé qu'on donne aux Juges, qui contient le fait du procés raconté sommairement' (Furetière).

ibid.   *d toutes risques* : Les avis des grammairiens de l'époque étaient partagés sur le genre de ce mot, mais le *Dictionnaire de l'Académie* (édition de 1694) le donnait comme féminin dans cette expression-ci.

p.52   *charmante* : Ce mot avait un sens fort à l'époque de Dufresny; Furetière le définit par : 'qui plaît extraordinairement, qui ravit en admiration'.

p.58   *quarton* : Les éditions B, C et D retiennent cette orthographe; les contrefaçons hollandaises F, G, H, J, K et L la remplacent par 'carton'. Dans E on lit 'quarton' à cet endroit du texte et 'carton' dans la phrase suivante.

p.59   *vous vous moquez* : Nous avons supprimé un trait d'union qui se trouve entre les deux 'vous' dans l'édition A.

p.62   *vermillon* : Le vermillon commun, ou deutoxyde rouge de plomb pulvérisé, entrait dans la composition des différents fards (Bescherelle).

p.67   *Bois de Boulogne* : Le Bois de Boulogne était alors une sorte de forêt et la promenade préférée des amoureux.

ibid.   *le Cours* : C'est-à-dire le Cours-la-Reine. Pour de plus amples précisions sur les différentes promenades de Paris, consulter le livre de J.C. Nemeitz, *Séjour de Paris, c'est à dire, instructions fidéles pour les voiageurs de condition,* dont la traduction française parut à Leyde en 1727; voir A. Franklin, *La Vie de Paris sous la Régence,* p.82 et suiv.

p.70   *huppes* : Oiseau portant une touffe de plumes érectile sur la tête; par extension, la touffe elle-même. La Bruyère émet une réflexion du même genre; voir *Caractères,* p.401-402.

p.71   *répond-je* : Parmi les illustrations du mot 'respondre' dans le dictionnaire de Furetière, l'on trouve 'je repond' aussi bien que 'je reponds'.

p.72   *tout Allemandes* : Les grammairiens de l'époque voulaient que l'adverbe 'tout' se convertît en adjectif devant un autre adjectif féminin. Ici, évidemment, Dufresny pèche contre le bon usage de l'époque. Cependant, il applique la règle à la page 151, où l'on trouve: 'son idée, toute abstraite & toute visionnaire'. Voir Vaugelas, *Remarques,* p.95-97; *Commentaires,* I, 186-193; Furetière, 'TOUT'.

p.74   *qualifiées* : On trouve le même contresens voulu dans le titre du *Bourgeois gentilhomme* de Molière (1670) et des *Bourgeoises de qualité* de Hauteroche (1690) et de Dancourt (1700).

p.81   *Loy du Tallion* : Punition par laquelle on traite le coupable de même manière qu'il a traité ou voulu traiter les autres. On la trouve dans la loi de Moïse ('œil pour œil, dent pour dent'), et elle était en usage chez les musulmans au temps de Dufresny (voir Furetière).

p.85   *honneur* : La Bruyère se montre tout aussi sévère à l'égard des femmes fardées; voir *Caractères*, p.113-114. Le plomb qui entrait dans la composition des fards abîmait la peau; cf. notre note se rapportant à la page 62 où Dufresny parle du vermillon.

p.86   *entre deux fers* : 'On dit qu'une piece de monnoye est entre deux *fers*; pour dire, en équilibre, entre les deux *fers* de la balance' (Furetière).

p.93   *équivoque* : En omettant 'mot', l'édition H fait d' 'équivoque' un substantif masculin, ainsi que le permettait l'usage de l'époque.

ibid.   *Convent* : A l'époque de Dufresny on écrivait normalement 'couvent', orthographe conforme à la prononciation. 'Convent' est pourtant retenu dans les éditions B, C, D, E, J et K.

p.102   *Adonis* : Issu de l'inceste entre Cynire, roi de Chypre, et sa fille, Myrrha, Adonis était grand chasseur. Vénus, qui l'aimait pour sa beauté et le suivait partout, n'ayant pu prévenir l'attaque fatale d'un sanglier énorme, le changea en anémone.

p.115   *une Charge aux Parties casuelles* : 'Casuel' se disait des emplois révocables, des charges que les familles pouvaient perdre à la mort de ceux qui en étaient investis. Les Parties casuelles étaient les droits qui revenaient au roi pour les charges de judicature et de finance quand elles changeaient de titulaire.

p.129   *figurer mes expressions* : Dufresny raille les pédants qui modelaient leur langage ordinaire sur la rhétorique formelle de l'époque. Pour les figures, voir B. Lamy, *La Rhétorique; ou, l'art de bien parler*, liv. II, ch. 7-14.

p.131   *un seul College* : Allusion au Collège Mazarin, autrement dit le Collège des Quatre Nations. Le collège fut institué en 1661 par le testament de Mazarin pour recevoir soixante écoliers venus des quatre provinces réunies à la France par le Traité des Pyrénées (1659). Ouvert en 1668, le collège fonctionna jusqu'à la Révolution.

p.137   *au lieu d'avancer* : Dans les notes qui accompagnent son édition du texte, Jean Vic explique ainsi les allusions contenues dans ce paragraphe: 'Ce paragraphe est fait d'équivoques sur différents termes de la philosophie ancienne(.) Les *accidents* dans la doctrine d'Aristote sont les modifications passagères de l'être : on les oppose en général à la substance. La *privation*, dans la même doctrine, est la négation absolue. Le *chaud* et le *froid*, le *sec*, et *l'humide* sont dans l'ancienne physique, les "quatre premières qualités". La matière subtile, les tourbillons appartiennent au système de Descartes. L'horreur du vide est un principe de la physique, antérieurement aux expériences de Torricelli' (p.201).

p.143   *eau de poulet* : Eau dans laquelle on faisait infuser de la fiente de poulet et qu'on employait contre les coups, les chutes, etc. Cf. Bescherelle: POULET, *Vin de poulet*.

p.148   *Gascons* : Les Gascons avaient la réputation d'être vantards et querelleurs.

p.149   *le rang que sa carte luy donne* : Les désordres que le jeu, véritable manie depuis le milieu du siècle, entraînait à sa suite, attiraient sur lui la censure de nombreux moralistes et celle de la justice. La Sorbonne avait émis une *Résolution sur le jeu de hasard* en 1697. Le lansquenet (nom qui désignait aussi bien le jeu que l'endroit où il avait lieu), à la mode alors, était interdit depuis 1687, mais les interdictions maintes fois réitérées n'avaient que peu d'effet.

p.157   *pour les posseder* : Les réactions excessives des joueurs allaient devenir un lieu commun de la littérature du dix-huitième siècle; voir, par exemple, Dufresny, *La Joueuse*, I, 5. La figure littéraire qui consiste à présenter le jeu comme un sacrifice fait à une divinité quelconque (telle La Fortune, la Chance, etc.), sera pleinement exploitée dans *La Passion du jeu, ode* du Chevalier de Laurès (1751). Selon une tradition qui subsistait encore à l'époque de Dufresny, le jeu aurait été inventé par un démon, Theuth. Asmodée en revendique la responsabilité dans *Le Diable boiteux*, loc. cit., I, 271.

p.161   *fort peuplé* : D'abord goûté uniquement de quelques amateurs qui avaient voyagé en Orient, le café fut mis à la mode à Paris par "l'ambassadeur" de Mahomet IV en 1669. Quoique les effets du café sur la santé fussent très discutés par les médecins, les cafés se multipliaient à l'époque où écrivait Dufresny. Pour de plus amples précisions, consulter A. Franklin, *Le Café, le thé et le chocolat*.

p.162   *Armide* : Ce nom est celui de l'héroïne imaginaire de la *Jérusalem delivrée* du Tasse, réputée pour sa beauté et son courage. Ici, le nom désigne une femme qui connaît l'art de séduire.

ibid.   *la fenoüillette* : Eau de vie rectifiée et distillée avec la graine du fenouil (Bescherelle).

p.163   *Bourdonois* : La rue des Bourdonnais était le centre du commerce des beaux tissus.

ibid.   *des Perous* : La langue de l'époque mettait généralement la marque du pluriel aux noms propres; voir M. Grevisse, *Le Bon Usage*, §§ 287-290.

p.165   *leur tonneau* : La Grande Halle étant alors une place découverte, les marchandes, là comme ailleurs, s'abritaient du mauvais temps sous des tonneaux.

p.170   *Cercle de la Cour* : C'est-à-dire le Cercle de la Reine. Seules les princesses et les duchesses avaient le droit de s'asseoir sur des tabourets; les autres dames restaient debout.

p.179   *Lucrece* : Nom employé ici pour désigner une femme d'une chasteté et d'une sagesse exemplaires. La légende veut que Lucrèce, femme de Tarquin Collatin, ait été violée par Sextus, fils de Tarquin le Superbe, et l'ayant révélé à son mari, se soit suicidée. Cet incident aurait provoqué une émeute populaire à la suite de laquelle les Tarquin se seraient trouvés expulsés de Rome.

p.180   *Laïs* : L'histoire perpétue la mémoire d'au moins trois Laïs, dont la plus connue était une courtisane née à Corinthe au Ve siècle avant J.-C. Le nom est généralement employé pour désigner une prostituée, et surtout une courtisane dont la réputation fait grand bruit.

p.187   *je serois bien caution* : Tournure familière signifiant, selon Furetière, 'assurer fortement une chose dont on est certain'.

p.190   *Un mien ami* : Forme vieillie à l'époque de Dufresny; voir *Remarques*, p.363-364 et *Commentaires*, II, 623-624. Elle est remplacée dans toutes les contrefaçons par 'Un de mes amis', mais sert, comme nous l'avons suggéré dans notre Introduction (p.xii), à caractériser le 'vieux Poëte garçon'; cf. *noise*, p.193.

p.193   *noise* : La femme savante emploie un mot dont Furetière affirme qu'il 'n'est plus du bel usage'. Mais tout son discours rappelle l'époque révolue des Précieuses.

p.194   *l'Hipocrene* : Fontaine mythologique du mont Hélicon que le cheval Pégase avait fait jaillir d'un coup de pied. Elle était consacrée aux Muses, et ses eaux avaient la vertu d'inspirer les poètes.

p.199   *devant* : A propos de cet emploi de 'devant', on lit chez Furetière la note suivante: '*Devant que* ... n'est plus gueres en usage. On dit en sa place *avant que* ... Monsieur de Vaugelas approuve qu'on dise indifferemment *devant que* de mourir, ou *avant que* de mourir. Mais d'habiles gens ont de la peine à souffrir *devant que*: sur tout quand il est joint avec un nom; car alors il signifie, En presence, & comme il n'est point une preposition de temps, il n'est point permis de le confondre avec *avant*'.

p.209   *des branches au tronc* : Jean Vic affirme dans une note de son édition que cette assertion est fausse et que 'les branches, qui ont reçu du tronc une sève *brute*, lui renvoient une sève *élaborée*, propre à la nutrition' (p.210-211). Cette correction représente, bien entendu, une description très simplifiée du processus. Vic affirme aussi que la notion de la 'circulation de la sève' avait cours depuis les travaux de Malpighi, mort en 1694.

p.214   *m'ennuyer* : Partout ailleurs dans son texte, Dufresny écrit
'ennuyer', 'ennuyeux', etc. Seules les éditions D et F
retiennent à cet endroit l'orthographe de l'édition A; mais
voir notre note se rapportant à la page 35.

p.218   *interromp* : Cette orthographe est retenue dans les éditions B,
C, D et E, et rejetée par toutes les autres; mais voir notre
note se rapportant à la page 35.

p.225   *aux champs* : Folles.

p.226   *dessein* : La distinction entre 'dessein' et 'dessin' est
moderne; Furetière, par exemple, écrit toujours 'dessein'.

p.230   *balivernes* : En définissant ce mot, Furetière note qu'il
'ne peut passer que dans le stile simple & Comique'.

p.231   *il la minaude* : L'usage de l'époque permettait l'emploi
transitif de ce verbe. Généralement il ne s'appliquait qu'aux
femmes, selon Furetière.

ibid.   *il l'aborde enfin* : Jean Vic signale dans les notes de son
édition (p.211 et suiv.) qu'ici commence un épisode dont
Balzac s'inspirera très largement dans *La Paix du ménage*, ch. xi.
A ce sujet, voir aussi son article 'Dufresny et Balzac'.

p.243   *ton élevation* : Nous supprimons le point d'interrogation
superflu placé à la fin de cette phrase dans l'édition A.

p.250   *la confiance des sots* : Cf. l'Ariste du *Faux Honnête Homme*
(1703) et la deuxième version de cette pièce, *Le Faux Sincère*,
jouée pour la première fois, après la mort de Dufresny, en 1731.

p.259   *calus* : Sens figuré, équivalant à 'carapace' dans la langue
moderne.

p.260   *qu'ils drapent* : 'Critiquer, censurer quelcun, en medire
plaisamment' (Furetière).

p.261   *blanchir* : Terme qui se rapporte aux coups de canon qui ne
faisaient qu'effleurer une muraille et qui, au lieu de la
percer, y laissaient une trace blanche; par extension, faire
des efforts inutiles (voir Furetière).

p.262   *cette levée de bouclier* : Le langage courant employait alors
le terme 'une grande (ou belle) levée de bouclier(s)' pour
désigner de grands préparatifs faits en vue d'une entreprise
peu prometteuse ou abandonnée par la suite. Furetière note
qu' 'On le dit particulierement des fanfarons, des gens qui
menacent, qui font plus de bruit que d'effet'.

p.263   *le respect* : Le portrait qui va suivre rappelle beaucoup celui
du Théodecte de La Bruyère; voir *Caractères*, p.156-157.

p.267 *comme* : Vaugelas avait noté l'emploi indifférent de 'comme' et de 'comment' dans des phrases telles que celle-ci: 'vous sçauez comme/comment il faut faire'; voir *Remarques*, p.333-335.

p.269 *douze cens mille livres* : 'Cent' se trouve au pluriel dans toutes les éditions consultées, ainsi que le permettait l'usage de l'époque; les grammairiens en discutaient pourtant; voir *Remarques*, p.392 et *Commentaires*, II, 688-692.

Table *Lucresse* : Rappelons qu'ailleurs on trouve 'Lucrece'; mais voir
(p.179) notre note se rapportant à la page 35.

VARIANTES DES EDITIONS

B, C ET D

PAGE*

2	*en jour*	: au jour (B)
13	*ces passions*	: ses passions (B)
21	*tout à ceux*	: à tous ceux (B)
27	*parce que la Cour leur est utile*	: leur *manque dans* C
30	*leur mépris*	: leurs mépris (C)
52	*son air, ses yeux*	: son air, & ses yeux (B)
60	*d'habitude*	: l'habitude (B)
77	*tout temps*	: tous temps (C)
79	*ceux même*	: ceux mêmes (D)
89	*les femmes mêmes*	: les femmes même (D)
148	*heriter*	: heritiers (B)
159	*Academie*	: Academies (D)
189	*fines*	: finies (B)
203	*obligation*	: obligations (D)
212	*avoir un pere*	: *Dans D on lit* voir un pere, *et, à la ligne suivante,* il est attaché à a luy...
263	*je n'ay pas le loisir*	: le *manque dans* B

* Les chiffres renvoient aux pages de l'édition originale

(Dans le cas du premier *Amusement,* dont nous donnons ci-dessous le texte intégral de l'édition E, seules les phrases maintenues dans leur ordre original sans subir d'autres modifications que celles d'orthographe et de ponctuation sont imprimées en italiques.)

PREMIER

AMUSEMENT

PREFACE

Le Titre que j'ay choisi me met en droit de faire une Préface aussi longue qu'il me plaira; car une longue Préface est un veritable amusement.

J'en ay pourtant vû de tres-necessaires pour l'intelligence du Livre; mais la plûpart au lieu de mettre l'Ouvrage en jour, n'y mettent que la vanité de l'Ouvrier.

Un bon General d'Armée est moins embarrassé à la tête de ses Troupes, qu'un mauvais Auteur à la tête de ses Ecrits. Celuy-cy ne sçait quelle contenance tenir: s'il fait le fier, on se plaît à rabatre sa fierté; s'il affecte de l'humilité, on le méprise: s'il dit que son sujet est merveilleux, on n'en croit rien; s'il dit que c'est peu de chose, on le croit sur sa parole: Ne parlera-t-il point du tout de son Ouvrage? La dure necessité pour un Auteur!

Tel parle tant de luy & si peu de son Livre, qu'on croiroit qu'il a fait ce Livre pour avoir occasion de se loüer dans la Préface; ces sortes de Panegyriques peuvent avoir les graces de la nouveauté; car le mérite de tels Auteurs est un sujet que peut-être personne n'a traité avant eux.

Je ne sçay si mes amusemens réüssiront; mais si on s'amuse à les critiquer, mon dessein aura réüssi.

Je pourrois retrancher cet article dans ma seconde Edition, la réüssite de la premiere n'étant plus douteuse à mon égard. On m'a dit de reste que mes amusemens avoient réüssi; mais les Auteurs & les maris sont souvent les derniers à sçavoir le mal qu'on dit de leurs Livres & de leurs femmes.

J'ay donné aux idées qui me sont venuës le nom d'amusemens: Ils seront serieux ou comiques, selon l'humeur où je me suis trouvé en les écrivant; & selon l'humeur où vous serez en les lisant, ils pourront vous divertir, vous instruire, ou vous ennuyer.

Si je suis destiné à ennuyer, j'aime encore mieux que ce soit par les traits serieux, que par les comiques; quand le comique ennuye, c'est souvent la faute de l'Auteur; quand le serieux ennuye, c'est quelquefois la faute du Lecteur.

Je pardonne aux Ouvrages serieux qui me font rire; mais comment tirer parti de ces comiques qui vous attristent [?]

L'autre jour un de ces esprits forts qui croyent que c'est une foiblesse de rire; j'étois présent, & il ignoroit que j'en fusse l'Auteur. A l'ouverture du Livre, il fronça le sourcil: Quel titre, s'écria-t'il d'un ton chagrin! n'est-ce pas profaner le serieux, que de le mêler avec du comique? quelle bigarure!

Cette bigarure, luy répondis-je, me paroît assez naturelle: si l'on examine bien les actions & les discours des hommes, on trouvera que le serieux & le comique y sont fort proches voisins: on voit sortir de la bouche d'un bon comique les maximes les plus serieuses; & tel qui affecte d'être toujours serieux, est plus comique qu'il ne pense.

Non, s'écria d'un ton colere mon Critique, qui sans m'écouter avoit continué de lire, je ne puis supporter cet assemblage monstrueux. Vouloir unir les extrêmes, le comique au serieux, le bas au sublime.

Doucement, Monsieur, doucement, ne confondez point le bas avec le comique, la bonne plaisanterie a son sublime, & peut être [*sic*] faut-il plus d'étenduë d'esprit pour le comique sublime, que pour le serieux; en voicy une preuve qui vous paroîtra comique, parce que vous prenez les choses trop serieusement.

Un Auteur qui s'acharne à vouloir traiter serieusement la moindre badinerie, paroît sentir qu'il a besoin de toute son application & de toutes ses forces pour s'élever jusqu'à son sujet; un comique au contraire semble être si superieur à son sujet, qu'il se fait un jeu de le dompter.

Si vous apperceviez d'un côté un joüeur d'échets, se creuser serieusement la cervelle pour regler la marche de trente-deux piroittes [*sic*] de bois; & de l'autre un Maréchal de France regler en se joüant les mouvemens d'une grosse Armée, donneriez-vous la superiorité de genie au joüeur d'échets?

Je suis persuadé que le bon comique s'accorde parfaitement avec le serieux; j'avance même que le comique est si naturel aux hommes les plus graves, que ceux à qui la nature a refusé les graces de la plaisanterie, ne sçauroient s'empêcher d'être mauvais plaisans. J'avanceray même que l'eloquence sublime est presque inséparable de la plaisanterie.

Ces propositions paroîtront un peu hardies à certains Auteurs serieux qui se croyent distinguez des comiques, comme les Nobles le sont des Bourgeois. Cependant la plûpart des Orateurs sont pleins de figures & d'expressions figurées qui tirent leur origine de la raillerie, de l'ironie, & d'autres sources de plaisanterie. Comme cecy trouvera des critiques, je m'engage par avance à le soutenir dans un parallele des Auteurs serieux & des comiques, que je donneray l'année prochaine, dans un second Volume d'amusemens.

Comment donc, me dit mon critique! Quoy vous êtes l'Auteur du **Livre** que je condamne?

Oüy, Monsieur, luy répondis-je, c'est moy qui me réjoüis comiquement
de vôtre condamnation serieuse; & si vous me méprisez, croyant vôtre
caractere superieur au mien, j'en appelle à la définition de l'homme.

En définissant l'homme, on l'appelle par excellence, & pour le
distinguer des bêtes, un animal risible plûtôt qu'un animal serieux;
cela prouve comiquement que le serieux convient mieux à une bête que la
plaisanterie.

Voilà du franc comique, me dit mon serieux avec un ris forcé;
cependant il faut convenir qu'il ne laisse pas d'y avoir parmi tout
cecy quelques traits assez brillans.

C'est justement là que je vous attendois, luy dis-je, & certains
beaux esprits usent finement de cette espece de loüange pour décrier ce qui
n'est point d'eux. Au lieu d'attaquer un Livre par ses défauts, comme
les critiques vulgaires, ils loüent avec une malignité cordiale quelques
endroits brillans, & se flatent que leur silence sur tout le reste
prouve invinciblement qu'il est mauvais; on peut impunément blâmer ainsi
tous les Livres; car il est impossible que dans les plus parfaits il
n'y ait quelque beauté qui se distingue du reste. Dieu nous préserve de
ces Ouvrages d'esprit si unis & si égaux qu'un trait n'y passe pas
l'autre.

Un Auteur qui tombe souvent au-dessous de sa sphere, se peut
appeller inégal; mais accuserons-nous d'inégalité celuy qui s'éleve
quelquefois audessus [*sic*] de luy-même, si cette inégalité est blâmable,
plût au Ciel que j'en fusse blâmé.

Ne plaisantons point là-dessus, reprit mon Auteur égal, je suis
ennemi des saillies, & dans mes compositions je les évite comme des
écueils.

Dites plûtôt comme des hauteurs inaccessibles, luy répliquay-je.
Il ne s'appliqua point l'inaccessible; car les Auteurs égaux n'entendent
point les inégalitez; mais continuant son examen methodique, & comparant
la quantité des matieres à la petitesse du Volume, il co[n]clut que mes
amussemens [*sic*] n'étoient qu'ébauchez. J'en convins avec luy. En effet,
ma premiere Edition n'étoit qu'une ébauche; ce que j'y ajoûte augmentera
l'ébauche sans la finir, & si j'en fais plusieurs Volumes, ce sera encore
des ébauches. Je le promets au Public. Je luy tiendray parole & tous
ceux qui luy promettront des Ouvrages finis le tromperont; tous les
Ouvrages des hommes ne sont que des ébauches; l'homme luy-même n'est
qu'un Ouvrage ébauché où le Créateur n'a pas voulu mettre icy bas la
derniere main.

Quand on se propose de parler de tout, la perfection ne consiste pas
à dire sur chaque sujet tout ce qui s'en peut dire, mais à dire bien tout
ce qu'on en veut dire, il suffit que chaque pensée y soit finie en elle-
même, encore faut-il qu'elle ne soit pas tellement finie, qu'elle ne
laisse rien à penser.

Si l'on pouvoit faire un Livre qui ne laissât rien à souhaiter; j'en

aimerois encore mieux un qui me fist souhaiter la suite. Pour plaire
à l'homme il faut contenter sa curiosité sans éteindre ses desirs.

Faire sentir en même temps la joüissance & le desir, c'est l'art le
plus rafiné des coquettes; hé pourquoy non des Auteurs? C'est quasi la
même espece. Espece vaine & babillarde, qui vend quelquefois trop cher
le verbiage & la flaterie, & perd souvent gratis son étalage & sa réputation.

On peut dire également d'un Auteur & d'une coquette: tel ou telle
se pare d'ornemens étrangers & se charge de faux brillans pour déguiser,
farder & rajeunir un vieux sujet.

Feu tel Auteur ou telle coquette en son vivant, eut *bec & ongles,*
c'est-à-dire sçut mordre & piller à toutes mains. Le pauvre défunt, ou
la pauvre défunte, loin d'avoir eu dans sa vieillesse les graces &
l'enjoüement des jeunes coquettes, n'eut dans son jeune âge que la singerie
& la malignité des vieilles.

Rendons justice aux bons Auteurs, en les comparant à d'honnêtes femmes.
Ceux-cy ne se livrent jamais aux dépens de leur gloire: plus jaloux de
leur réputation, qu'envieux de celle des autres, ils sçavent mêler
prudemment la retenuë à la vivacité, la modestie à l'élevation, & mettre
sans affectation les beautez dans leur plus beau jour.

Vous me donnez de la confusion, me dit mon homme, en m'embrassant
gravement, & le portrait que vous faites là de moy est trop avantageux
pour .....

Ce portrait, luy dis-je, en l'interrompant, n'est qu'un portrait
general que je ...

Epargnez ma modestie, reprit-il, en m'interrompant à son tour, je
sens toute l'étenduë de vos loüanges, & par reconnoissance, je veux vous
donner un bon conseil: En verité, Monsieur, avec le goût que vous vous
trouvez pour les bons Auteurs, vous devriez vous appliquer à quelque bonne
Traduction, plûtôt qu'à des Amusemens. *Ne sçavez-vous pas que l'homme est
fait pour s'occuper,* & non pour s'amuser. A cecy voicy ma réponse.

*Tout est amusement dans la vie. La vertu seule mérite d'être
appellée occupation. S'il n'y a que ceux qui la pratiquent qui se
puissent dire veritablement occupez, qu'il y a de gens oisifs dans le
monde!*

*Les uns s'amusent par l'ambition, les autres par l'interêt, les
autres par l'amour; les hommes du commun par les plaisirs, les grands
hommes par la gloire, & moy je m'amuse à considerer que tout cela n'est
qu'amusement.*

*Encore une fois tout est amusement dans la vie; la vie même n'est
qu'un amusement en attendant la mort.*

Voicy du serieux, j'en ay promis; mais passons vite au comique.

82

*Je voudrois écrire & je voudrois être original. Voilà une idée
vrayement comique, me dira ce Sçavant Traducteur, & je trouve fort
plaisant que vous vous avisiez de vouloir être original en ce temps-cy:
il falloit vous y prendre dés le temps des Grecs; les Latins mêmes n'ont
été que des copistes.*

  *Ce discours me décourage. Est-il donc vray qu'on ne puisse plus
rien inventer de nouveau?* je l'entens dire à tous les Auteurs Copistes;
si Monsieur de la Roche-Foucault & Monsieur Pascal l'eussent dit, je
le croirois. Les pensées de ces deux Auteurs Originaux sont autant de
brillans d'esprit mis en œuvre par le bon goût & par la raison: A
force de les retailler pour les déguiser, les petits Ouvriers les
ternissent; mais tout ternes qu'ils sont, on ne laisse pas de les
reconnoître, & ils effacent encore tous les faux brillans qui les
environnent.

  Celuy qui peut imaginer vivement avec goût & justesse est original
dans les choses mêmes qu'un autre a pensées avant luy; par le tour naturel
qu'il y donne, & par l'application nouvelle qu'il en fait, on juge qu'il
les eût pensées avant les autres, si les autres ne fussent vênus qu'aprés
luy.

  *Ceux qui dérobent chez les modernes s'étudient à cacher leurs
larcins; ceux qui dérobent chez les anciens en font gloire. Mais pourquoy
ces derniers méprisent-ils tant les autres?* Il faut encore plus d'esprit
pour déguiser une pensée de Pascal, que pour bien traduire un passage
d'Horace.

  *Aprés cela je conviens que quelque genie qu'on ait, il est impossible
de bien écrire pour son siécle, qu'aprés s'être formé l'esprit sur les
anciens & le goût sur les modernes.*

  *Cela ne suffit pas, s'écrie mon Sçavant; il faut être tout plein de
l'antiquité;* il faut composer à force d'érudition; *il faut puiser dans
les sources. Je vous entens, il faut piller, vous ne l'osez dire; hé bien
je le dis pour vous, il faut piller; mais je ne pilleray ny dans les
Livres anciens, ny dans les Livres modernes; Je ne veux piller que dans
le Livre du monde.*

  Le monde est un Livre ancien & nouveau: De tout temps l'homme & ses
passions en ont fait le sujet. *Ces passions y sont toujours les mêmes;
mais elles y sont écrites differemment, selon la difference des siecles;
& dans un même siecle chacun les lit differemment, selon le caractere de
son esprit, & l'étenduë de son genie.*

  *Ceux qui ont assez de talent pour bien lire dans le Livre du monde,
peuvent être utiles au Public en luy communiquant le fruit de leur
lecture; mais ceux qui ne sçavent le monde que par les Livres, ne le
sçavent point assez pour en faire des leçons aux autres.*

  *Quelle difference entre ce que les Livres disent des hommes, & ce
que les hommes font.*

Si le monde est un Livre qu'il faut lire en original, on peut dire aussi que c'est un païs qu'on ne peut ny connoître, ny faire connoître aux autres, sans y avoir voyagé soi-même. J'ay commencé ce voyage bien jeune; j'ay toujours aimé à faire des reflexions sur ce que j'y ay vû: Celles de ces reflexions qui viendront au bout de ma plume vont composer mon second Amusement.

AMUSEMENTS II à XII

Page

17   *que le voyage* : Le plus grand fruit qu'on en puisse tirer, c'est de connoître les mœurs & les caracteres differens des hommes; voyons si chez nos François seuls nous ne trouverions point une aussi grande varieté de mœurs & de caracteres, que dans toutes les autres Nations ensemble. *Si quelqu'un veut voyager* ...

ibid   *par le monde* : par le monde François

ibid   *à peu prés* : peu à peu

19   *d'un abord agreable.* Elles tendent toutes à un seul point. Et ce point, c'est la fortune.

       Ce point paroît immense, & son immensité paroît charmante à ceux qui le voyent de loin. Approchez-vous-en, ce n'est qu'un point aussi imperceptible, mais bien moins solide que le point mathematique.

       La fortune de Cour ...

21   *qui n'ont besoin de rien.*

       Pour faire fortune à la Cour, il faut être tout-à-fait sage, ou tout-à-fait fol, tres-modeste ou tres-effronté; les premiers meritent tout en ne hazardant rien; les autres attrapent quelque chose en hazardant tout.

       Les demi sages & les demi modestes ont trop peu de vivacité pour prévenir, & trop peu de merite pour qu'on les prévienne. Les graces distribuées par reflexion ne vont point jusqu'à eux, & ils n'attrapent pas celles qu'on donne aux importuns.

       Malgré les difficultez ...

ibid   *en ce païs* : à la Cour

28   *le reste de leur vie.*

       De tous les peuples du monde les Courtisans sont ceux qui s'ennuyent le plus hors de leur païs natal, les vieux sur tout; car les jeunes à qui la vanité vient avant l'ambition, aiment mieux dominer à la Ville, que de s'élever à la Cour; c'est peut-être ce caractere de petitesse & de domination qui leur a attiré de nos jours le nom de *Petit Maître*.

Le nom de *Petit Maître* court risque de n'être pas écrit au temple de Memoire, de peur que mon Livre ne s'oublie comme eux, ne le chargeons point d'une longue description de leur caractere.

Quoy que le Courtisan ...

29   *sous des dehors reglez.*   Ce paragraphe et celui qui suit en forment un seul dans cette édition-ci.

ibid   *avant que de parler; l'autre* :   avant que de parler; & l'autre

30   *doit courir après luy.*

Les Courtisans en caressant également tout le monde, confondent leurs amis avec leurs ennemis; les *Petits Maistres* sont plus sinceres, ils ne cachent ny leur amitié, ny leur haine, si ce n'est en se saluant; car leurs jeux de main sont équivoques; on ne sçait quelquefois s'ils se joüent, ou s'ils se querellent; leurs complimens sont mêlez d'injures, & leurs embrassades sont moitié caresses, moitié coups de poing.

Le langage courtisan ...

31   *de politesse & de grossiereté.*

Si la Cour a ses *Petits Maistres,* la Ville a aussi les siens, les *Petits Maistres* de Ville copient les autres & leur ressemblent à certain air prés, air de Cour qui donne des graces aux défauts mêmes; puisqu'ils n'en peuvent imiter les graces, je ne leur conseille pas d'en imiter les défauts. Mais ce n'est pas icy le lieu d'exposer le caractere des *Petits Maistres* de Paris. En voyageant par cette grande Ville, si je les trouve en mon chemin, j'en parleray peut-être. Si je n'en parle point, ils ne m'auront servi que de transition pour passer de la Cour à Paris. Entrons dans cette ville immense.

Nous y trouverons dequoy nous amuser long-temps; *la vie d'un homme ne suffit pas pour en achever le voyage.*

33   *en ignorent la moitié.*

Chaque Quartier de cette Ville est une Province, & ces Provinces sont si distinguées les unes des autres par les airs & les manieres, qu'une Parisienne du Marais pourroit passer pour une Provinciale au Fauxbourg saint Germain.

Pour être frappez plus vivement d'une varieté que les préjugez de l'usage & de l'habitude nous font paroître presque uniforme, imaginons-nous qu'un Siamois entre dans Paris. *Quel amusement ...*

ibid   *de la varieté* : de la nouveauté

40   *ni d'entendre ni de voir.* Les deux derniers paragraphes du
troisième *Amusement* sont remplacés par ce qui suit:

       Les Parisiens sont aussi laborieux que voluptueux. Ils se
fatigueront vingt-quatre heures pour assaisonner un plaisir d'un
moment.

       Leurs passions sont vives, & cependant ils aiment la
commodité de l'indolence; ils l'ont déja introduite dans l'amour,
en retranchant les soins, les inquiétudes, les craintes, les
rigueurs; en un mot, toutes les fatigues de la tendresse
galante. Ils ont rendu l'amour moins vif, mais plus commode
qu'il n'a jamais été.

       Moy qui suis Parisien, & qui aime à travailler commodement,
je diviseray l'amusement de Paris en plusieurs amusemens fort
courts. Ainsi je pourray me reposer dés que je serai las de
penser, & le Lecteur pourra sans s'incommoder m'épargner
l'affront de jetter mon Livre avant la fin du Chapitre.

42   *& cependant presque fermé* : cependant *est omis*

43   *dans une grande Sale où* se traitent les affaires les plus
serieuses. Dans cette Salle même on étale toutes les bigarures
comiques qui composent l'habillement des femmes. Un Parisien
voit cela sans étonnement; mais *mon* voyageur *Siamois est étonné
de voir* ...

44   *qu'on appelle Chicanne* : qu'on appelle la Chicane

49-50   *Ils sont cependant tous assez équitables* : Il y en a pourtant
de tres-équitables.

51   *le second est pour la Justice* : est *est omis*

54   *renvoya* : envoya

56   *pour n'y jamais rentrer.* Le dernier paragraphe du quatrième
Amusement est remplacé par ce qui suit:

       Avant que d'en sortir, luy dis-je, examinez bien ce grand
homme sec & renfrogné; quoiqu'il porte une longue épée, il ne
fait la guerre que par Procureur. C'est un chicaneau d'épée. Il
parle à quelqu'un. Ecoutons-le. Il est Normand; la Scene ne
sera pas si brillante que s'il étoit Gascon; mais elle vous
instruira peut-être des maximes les plus solides de la chicane
frauduleuse. Je connois la personne à qui il parle. C'est une
plaideuse.

       Une plaideuse, s'écria mon Siamois! est-ce que les femmes
sçavent plaider?

Mieux que les hommes quand elles s'en mêlent, luy répartis-
je. Comme elles suivent plus loin que nous & la haine & l'amour,
elles reüssissent également en procés & en galanterie. Celle-cy
en se ruïnant s'est acquis l'esprit de chicane, qui joint à
l'esprit de femme, l'emporte encore sur l'esprit Normand; en un mot
à force de perdre son bien, elle a appris à usurper celuy des
autres.

Nôtre Siamois curieux d'entendre le dialogue de la Plaideuse
& du Normand, me tira derriere un pilier, d'où nous pouvions les
entendre sans être vûs. Nous jugeâmes par les discours de la
plaideuse qu'elle avoit fait au Normand force supercheries dont
elle craignoit les suites.

Ah, Monsieur, luy disoit-elle d'une voix tremblante, si ma
procedure n'a pas été loyale, je desavoüe mon Procureur. Je sçais
que vous avez des preuves apparentes contre ma bonne foy, & que
vous pouvez me perdre de réputation, quoique je sois innocente.
Ne me poussez pas à bout, je vous en conjure; à cela il ne répondit
rien, fronçoit le sourcil, & se mordoit les lévres comme un homme
outré qui va éclater en invectives.

Nous attendions que l'orage fondît, quand tout à coup nôtre
Normand prenant un air gracieux & flateur: ne craignez rien, ma
chere Demoiselle, luy dit-il, ne craignez rien; vôtre procedé est
estimable; vous avez merité mon estime & ma veneration, & j'iray
chez vous dés demain pour vous rendre homage.

Ah, je suis perduë, s'écria-t'elle! & vous ne dissimulez
vôtre ressentiment que pour me perdre, pour m'abîmer.

Au contraire, Madame, reprit nôtre flateur en luy serrant la
main, je vous applaudis, je vous félicite; rien n'est plus aimable;
rien n'est plus charmant que le tour que vous m'avez joüé, & vous
m'avez trompé d'une maniere toute adorable. J'avoüe que j'en ay
pensé être la duppe.

Je vous jure, reprit-elle d'un air contrit, que je n'ay point
eu dessein de vous tromper.

Ha ne dites point cela pour vôtre honneur, repliqua-t'il,
c'est la tromperie, c'est vôtre habileté à tromper qui me charme,
qui me ravit; oüy, charmante personne, la maniere adroite dont
vous m'avez balotté, trigaudé, leuré, tourné, viré, m'enleve,
m'enchante; vous me voyez passionné pour vous, & cela sans
foiblesse; car ce n'est point vôtre beauté, ce ne sont ny vos yeux,
ny vôtre bouche, ny vôtre teint, je ne suis point sensible à ces
fadaises; ce qui me touche dans une femme, c'est un esprit
subtil & façonné, un cœur solide & politique. Ne se passionner
qu'avec reflexion, ruser ingenuëment, faire la naïve & la franche
pour parvenir à ses fins. C'est par là que vous m'avez gagné le
cœur.

Ces loüanges ne me conviennent point, reprit-elle toute

déconcertée; mais enfin, où voulez-vous venir?

Je ne puis encore en venir à rien, continua-t'il d'un air
tendre, je suis si passionné, si transporté d'admiration pour
vôtre patelinage, une affabilité, un langage, des paroles dorées,
vous m'amusiez par de belles propositions d'accommodement, pour
avoir le temps de me faire souffler un Exploit, & de me faire
condamner par défaut. Cela étoit joliment imaginé & tres-
agréablement conduit; & ce titre que vous avez fait contre-faire
par un ....Je sçay bien que la signature n'est pas tout-à-fait
fausse; aussi n'est-elle pas tout-à-fait vraye, c'est une
signature vray-semblable. Quoy qu'il en soit, vos prétentions
sans titre étoient injustes, & en fabriquant un titre, vous
corrigez l'injustice. Cela est bon.

En verité, Monsieur, réprit [sic] la Plaideuse, je ne
sçay plus comment je dois prendre vos discours.

Du bon côté, repliqua le Normand, en l'embrassant; tout
vôtre manege est si fort de mon goût, & je trouve tant de
conformité entre-vous [sic] & moy, qu'il m'est venu en pensée
que nous étions nez l'un pour l'autre. Oüy, Mademoiselle, je
croy que pour donner un bon tour à cinq ou six procés où nous
sommes fauxfilez vous & moy, il nous seroit avantageux à l'un
& à l'autre de réünir nos droits par un contrat de mariage; en
un mot, si vous entendez bien vos interests, vous serez ma
femme dés aujourd'huy, & voicy pourquoy: deux vertueux réünis
se fortifient, & separez nous nous détruirions l'un l'autre.

Ha, Monsieur, repliqua la Plaideuse à qui ce mariage n'étoit
pas si avantageux qu'au Normand, quand je refuserois de me marier,
vous êtes trop honneste homme pour me détruire.

Pardonnez-moy, pardonnez-moy, reprit brusquement le Normand,
& je veux ce mariage, parce que je ne suis pas duppe; je puis
vous ruïner, vous pouvez m'enrichir. Il faut s'entre-aider les
uns les autres charitablement. Ainsi touchez là, nous mourrons
ennemis ou mariez ensemble.

La Plaideuse laissa prendre sa main d'un air si interdit qu'on
eût pris sa crainte pour de la pudeur, & nôtre épouseur continua
ainsi. J'ay déja dressé un projet de contrat de mariage. C'est
un chef-d'oeuvre de composition. Je croy que cet ouvrage d'esprit
sera de vôtre goût. Il est conçu dans des termes sçavament [sic]
équivoquez; par exemple, en parlant de cette grosse terre que vous
m'apportez en mariage avec le procés y adjoint pour mettre en
valeur la terre & le procés, j'y comprens tous les environs qui
seront à nôtre bienséance. Elle est belle nôtre terre, gros revenus,
beaux droits seigneuriaux; mais ce que j'estime plus que tout cela,
ce sont certaines vieilles prétentions soutenuës de certains vieux
titres dont je suis nanti. C'est une recherche curieuse qui m'a
coûté bien du travail; mais il falloit cela pour augmenter vos
terres sur celles des voisins. Ces voisins sont des sots. Ainsi

je pourray les déposseder, les ruïner, les abîmer avec justice;
je dis avec justice, car enfin selon la Coûtume du Mans, rien
n'est plus juste que d'arrondir sa terre.

En finissant ce dialogue nos épouseurs politiques s'éloignerent
de nous, & moy pour ôter brusquement à mon Voyageur Siamois l'idée
ennuyeuse du Palais, je le menay droit au païs de l'Opera.

59   *spectacle* : spectacles

65   *à livre ouvert.* A la fin du cinquième *Amusement* Dufresny ajoute
le paragraphe suivant:

Ce païs de l'Opera fournit tant de singularitez, que j'ay
résolu d'en faire un Traité particulier, aussi-bien que de la
Comedie.

67   *guide* : guides

72   *Les femmes Espagnoles sont tout Espagnoles, les Italiennes tout
Italiennes, les Allemandes tout Allemandes* : Les femmes
Espagnoles sont toutes Espagnoles, les Italiennes toutes
Italiennes, les Allemandes toutes Allemandes

204   *bien injuste* : juste (bien *est omis.*)

259   *vous plaisantez, & il entend raillerie* : & *est omis*

282   *de beaux monumens* : des beaux monumens

VARIANTES DES EDITIONS
F, G, H, J, K et L

2   *en jour* : au jour (F G H J K L)

4   *serieux ou comiques* : serieux & comiques (G H J K L)

9   *les Latins même* : les Latins mêmes (F G H J K L)

11   *ternes* : ternis (F G H J K L)

13   *de tous tems* : de tout tems (H)

15   *ni connoître* : *manque dans* J et K

16   *tout ce que j'y ay vû* : y *manque dans* H

19   *y mettre le pied pour parvenir* : y mettre le pied pour y
parvenir (H)

ibid   *à ses fins* : à ces fins (H)

ibid	*un grand chemin ouvert à tout le monde ... des chemins couverts & de traverse :* Contresens dans G, H *et* J *où on lit* couvert à tout le monde *et* ouverts & de traverse. *Les mots* grand chemin ouvert à tout *manquent dans* K *où* ouverts *se trouve également* pour *couverts.*
24	*quand on se ressouvient :* quand on se ressouvient de luy (*ou* de lui) (G H J K L)
ibid	*quand on oublie :* quand on l'oublie (F G H J K L)
25	*tranquiles :* tranquillement (H)
31	*moitié caresses, moitié coups de poing :* moitié caresses, & moitié coups de poing (J K). *Dans* K *on lit* coup *pour* coups.
32	*nouveaux :* nouveau (G H J K L)
50	*le Factum les endort : manque dans* F G H J K *et* L
53	*à ma place :* en ma place (G H J K L)
58	*on distribuë :* l'on distribuë (G H J K L)
60	*la plus honorable :* la *manque dans* J *et* K
62	*Les Fées :* Les Fétes (J K)
64	*à sa main :* en sa main (L)
ibid	*que des chants :* qu'à des chants (G H J K L)
68	*en tout temps :* en tous tems (H)
71	*répond-je :* répondis-je (G H J K L)
74	*femmes d'intrigue :* femmes d'intrigues (J K)
77	*tous païs : dans* F *on lit* touts, *et dans* G H J K *et* L tout
79	*ceux même :* ceux mêmes (F G H J K L)
92	*mais la troisiéme :* mais pour la troisiéme (G H J K L)
ibid	*elle ne se soucie plus :* elle *manque dans* F
92-93	*qui s'alarment au moindre mot équivoque :* mot *manque dans* H
95	*qui sçait son monde :* qui sait tout son monde (H)
98-99	*& sans nous amuser :* & *manque dans* G H J K *et* L
105	*luy dit-il : manque dans* H

112   *les entrevûës, les festins* : *manque dans* L

ibid   *n'ont plus rien de commun* : plus *manque dans* H

117   *les separations* : la séparation (G H J K L)

119   *sa femme* : la femme (H)

126   *deux fortes douleurs* : deux sortes de douleurs (H J K)
       Dans J on lit sorte *pour* sortes.

130   *les raisonnemens même* : les raisonnemens mêmes (F G H J K L)

134   *s'il a froid* : *manque dans* J *et* K

140   *l'on nous fait respirer* : nous *manque dans* H

143   *à travers un fleuve de sang* : *dans J et K on lit* à [*pour* au]
       travers d'un fleuve de sang.

ibid   *des Medecins* : du Médecin (H)

149   *au-dessus* : un dessus (J K)

151   *à son païs* : en son païs (G H L); *manque dans* J *et* K

159   *Academie de Philosophes* : Academie de Philosophie (L)

163   *des Perous* : des Perou (G H J K L)

175   *les justifient* : le iustifient (J K)

179   *trop enjoûée, trop libre en paroles* : trop enjoûée & trop libre
       en paroles (G H J K L)

182-183   *qu'elle ne peut souffrir ... elle n'en épargne pas une* : *les*
       mots en ont moins qu'elle : celles qui *manquent dans J et* K;
       pour rendre un sens à la phrase K *ajoute* elles *après* davantage.

184   *Elle sçait* : Elle fait (H)

185   *sa maniere* : la maniére (K)

189   *Celle qui va l'interrompre, c'est* : c' *manque dans* G H J K
       et L

ibid   *la pauvre fille! elle écrivoit* : la pauvre fille écrivoit
       (G H J K L)

190   *adieu la justesse* : *manque dans* J *et* K

ibid   *Un mien ami* : Un de mes amis (F G H J K L)

199   *la succession* : sa succession (G H J K L)

202   *It y a long-tems aussi ... celles que je vais dire : les
      mots* cherché les raisons : je ne sçay si quelqu'un a
      manquent dans J *et* K

212   *sujet d'affliction :* sujet d'afflictions (K)

227   *la derniere mode, & il n'est permis : & manque dans* H

228   *leurs démarches :* leur démarche (H)

230   *d'esprit :* l'esprit (L)

240   *qu'il se méconnoisse :* qu'il le méconnoisse (J K)

243   *où ils ont été : long saut du même au même dans* J *et* K *où
      manquent les mots* Ceux qui sont tombez du haut de la fortune,
      regardent toûjours l'élevation

246   *il a parlé, & parlé même de tres-bon sens :* G *fait suivre &
      parlé par une virgule que* H *retient en mettant* parle *à la
      place de* parlé.

ibid *personne ne l'a écouté :* personne ne l'écoute (H)

247   *qu'on fête :* qu'on cherit (J K)

250   *nôtre Voyageur :* vôtre Voyageur (K)

254   *les choses même :* les choses mêmes (F G H J K L)

ibid *impraticable :* impenetrable (J K)

ibid *Vous la trouverez :* Vous le trouverez (G H J K L)

256   *celle :* celles (K)

274   *auroient été moins Heros : manque dans* J *et* K

281   *quand il a une fois commencé :* une fois *manque dans* H

ibid *des contrarietez :* des contrariez (G J K L)

285   *qui se distinguoient :* qui se distinguent (H)

ibid *viennent se confondre :* venant à se confondre (F G H J K L)

286   *de belles ames :* des belles ames (H)

BIBLIOGRAPHIE

Littérature des XVIIe et XVIIIe siècles

Bernard, Jean-Frédéric,
    Reflexions morales, satiriques et comiques sur les moeurs de notre siècle, Cologne, P. Marteau le jeune, 1711.

Boileau-Despréaux, Nicolas,
    Œuvres, texte de l'édition Gidel avec préface et notes par Georges Mongrédien, Paris, Garnier, 1961.

Bordelon, abbé Laurent,
    Dialogues des vivans, Paris, Prault, 1717.

Cotolendi, Charles,
    Lettre écrite par un Sicilien à un de ses amis contenant une critique agréable de Paris, in *Saint-Evremoniana, ou dialogue des nouveaux dieux,* Paris, M. Brunet, 1700.

Dufresny, Charles Rivière,
    Amusements sérieux et comiques, texte nouveau publié avec une introduction et des notes par Jean Vic, Paris, Bossard (Collection des chefs-d'œuvre méconnus), 1921.

-    *Entretiens ou amusements sérieux et comiques,* publiés par D. Jouaust, Paris, Jouaust (Cabinet du bibliophile 5), 1869.

-    *Œuvres de Monsieur Rivière Du Fresny,* Nouvelle Edition, corrigée & augmentée, Paris, Briasson, 1747, 4 vol.

Fénelon, F. de S. de La Mothe-,
    Les Aventures de Télémaque, chronologie et introduction par Jeanne-Lydie Goré, Paris, Garnier-Flammarion, 1968.

La Bruyère, Jean de,
    Les Caractères de Théophraste traduits du grec avec les Caractères ou les moeurs de ce siècle, édition de R. Garapon, Paris, Garnier, 1962.

Lacroix, Paul (éd.),
    Paris ridicule et burlesque au dix-septième siècle, nouvelle édition revue et corrigée avec des notes par P.-L. Jacob, bibliophile, Paris, Garnier, s.d.

Laurès, chevalier Antoine de,
    La Passion du jeu, ode, in *Pièces de poësie qui ont remporté les prix de l'Académie Française en l'année 1751,* Paris, Brunet, 1751.

Lessage, Alain-René,
    Le Diable boiteux, in *Romanciers du XVIIIe siècle,* textes établis, présentés et annotés par Etiemble, Paris, Gallimard (Bibliothèque de la Pléiade), 1960-1965, 2 vol; I.

Marana, Jean-Paul,
   *L'Espion dans les cours des princes chrétiens, ou lettres et
   mémoires d'un envoyé secret de la Porte dans les cours de
   l'Europe*, Cologne, E. Kinkius, 1710, 6 vol.

Marivaux, P.C. de Chamblain de,
   Journaux et œuvres diverses, texte établi avec introduction,
   chronologie, commentaire, bibliographie, glossaire et index par
   Frédéric Deloffre et Michel Gilot, Paris, Garnier, 1969.

Méré, Antoine Gombaud, chevalier de,
   [*Œuvres du*] *chevalier de Méré*, texte établi et présenté par
   Charles-H. Boudhors, Paris, Editions Fernand Roches, 1930, 2 vol; I.

Montesquieu, Ch. de Secondat, baron de,
   Lettres persanes, texte établi, avec introduction, bibliographie,
   notes et relevé de variantes, par Paul Vernière, Paris, Garnier,
   1960.

Saint-Foix, G.-F. Poullain de,
   *Lettres turques, revues, corrigées et augmentées; Lettres de
   Nedim Coggia, revues, corrigées et augmentées; les Veuves*,
   Amsterdam, Pierre Mortier, 1750.

Voltaire, F.-M. Arouet de,
   Romans et contes, texte établi sur l'édition de 1775, avec une
   présentation et des notes par Henri Bénac, Paris, Garnier, 1960.

Critique littéraire

Adam, Antoine,
   Histoire de la littérature française au XVIIe siècle, Paris,
   Editions Domat Montchrestien, 1948-1956, 5 vol; V.

Bernard, Jacques (éd.)
   Nouvelles de la république des lettres (mars 1699), Amsterdam,
   Henry Desbordes, 1699.

Camusat, Denis-François,
   *Lettres sérieuses et badines sur les ouvrages des savans et sur
   d'autres matieres*, La Haye, Jean van Duren, 1732, 12 vol; VII.

Coulet, Henri,
   Le Roman jusqu'à la Révolution, seconde édition revue, Paris,
   Armand Colin, 1967, 2 vol.

Deloffre, Frédéric,
   *Une Préciosité nouvelle, Marivaux et le marivaudage; étude de
   langue et de style*, Paris, Les Belles Lettres, 1955.

Fannière, Edouard,
      'Charles Rivière Dufresny', *Modern Language Review* VI (1911),
      p.335-353.

Jamati, Georges,
      La Querelle du 'Joueur', Paris, Messein, 1936.

—   *Journal des savans* (du 9 février 1699), Paris, Jean Cusson, 1699.

La Harpe, Jean-François de,
      Cours de littérature ancienne et moderne, Paris, Firmin-Didot et
      Cie, 1880, 3 vol; I.

Lamy, le R.P. Bernard,
      L'a [sic] Rhétorique ou l'art de parler, Quatriéme édition,
      reveuë & augmentée d'un tiers, Amsterdam, Paul Marret, 1699
      (réimprimée Brighton, Sussex Reprints, 1969).

Lancaster, Henry Carrington,
      *A History of French Dramatic Literature in the Seventeenth
      Century: Part IV, the Period of Racine, 1673-1700*, Baltimore,
      The John Hopkins Press, 1940, 2 vol; II.

Lenient, Charles,
      La Comédie en France au XVIIIe siècle, Paris, Hachette, 1888,
      2 vol; I.

Martino, Pierre,
      *L'Orient dans la littérature française au XVIIe et au XVIIIe
      siècle*, Paris, Hachette, 1906.

—   *Mercure de France* VII (juillet - décembre 1724), Paris, 1724
      (réimprimé Genève, Slatkine, 1968).

Sabatier de Castres, abbé Antoine,
      *Les Trois Siècles de notre littérature, ou tableau de l'esprit
      de nos écrivains, depuis François Ier, jusqu'en 1772*, Amsterdam /
      Paris, Gueffier et Dehansi, 1772, 3 vol; II.

Vic, Jean,
      'Les Idées de Charles Rivière Dufresny' : I, 'Dufresny et
      Beaumarchais', *Revue du XVIIIe siècle* II (1916), p.121-141;
      II, 'Dufresny et Balzac', ibid., III (1917), p.235-253.

Voisenon, C.-H. de Fusée, abbé de,
      Anecdotes littéraires, publiées par le bibliophile Jacob, Paris,
      Jouaust (Librairie des bibliophiles), 1880.

Walker, Edward A.,
      *Charles Rivière Dufresny (1648-1724) : a critical study of his
      life and theatre* (thèse), Université de Toronto, 1966.

La Langue du XVIIe siècle

Bescherelle aîné,
  Nouveau dictionnaire national, Paris, Garnier, s.d., 4 vol.

Cayrou, Gaston,
  Le Français classique, lexique de la langue du dix-septième siècle, Paris, Didier, 1948.

Furetière, Antoine,
  Dictionnaire universel, contenant generalement tous les mots françois tant vieux que modernes, seconde édition, revuë, corrigée & augmentée par Monsieur Basnage de Bauval, La Haye et Rotterdam, Arnoud et Reinier Leers, 1701, 3 vol.

Grevisse, Maurice,
  Le Bon Usage, huitième édition, Gembloux, Editions J. Duculot, 1964.

Streicher, Jeanne (éd.),
  Commentaires sur les 'Remarques' de Vaugelas, avec une introduction par Jeanne Streicher, Paris, Droz (S.T.F.M.), 1936, 2 vol.

Vaugelas, Claude Favre de,
  Remarques sur la langue françoise, introduction, bibliographie, index par Jeanne Streicher, Paris, Droz (S.T.F.M.), 1934.

Travaux bibliographiques

Barbier, Alex.-Antoine,
  Dictionnaire des ouvrages anonymes, Paris, Daffis, 1872-1879, 4 vol; I.

Blume, Friedrich (éd.),
  Die Musik in Geschichte und Gegenwart, Basle, Bärenreiter Kassel, 1949 –   ; XI(1963).

Brunet, Gustave,
  Imprimeurs imaginaires et libraires supposés, Paris, Librairie Tross, 1866.

Furet, François *et al.*
  Livre et société dans la France du XVIIIe siècle, Paris / La Haye, Mouton & Co., 1965-1970, 2 vol.

Harneit, Rudolf,
  'Dufresnys "Amusemens serieux et comiques", Ausgaben und Übersetzungen', in *Festschrift Wilhelm Giese, Beiträge zur Romanistik und Allgemeinen Sprachwissenschaft,* Hambourg, Helmut Buske Verlag, 1972, p.397-428.

96

Longchamp, Frédéric,
'Un Libraire du XVIIe siècle: Claude Barbin', *Le Bibliographe moderne*, publié sous la direction de M. Henri Stein, 17e année (1914), Paris, A. Picard; p.10-39.

Martin, Henri-Jean,
Livre, pouvoirs et société à Paris au XVIIe siècle (1598-1701), Genève, Droz, 1969, 2 vol; II.

Moureau, François,
Compte rendu de 'Dufresnys "Amusemens serieux et comiques"' de Rudolf Harneit, *Bulletin de la Faculté des Lettres de Mulhouse*, fascicule VI (1974), p.79-82.

Pottinger, David,
The French Book Trade in the Ancien Régime, Cambridge, Mass., Harvard University Press, 1958.

Quérard, Joseph-Marie,
La France littéraire, Paris, Firmin Didot, 1827-1854, 12 vol; II.

-   *Les Supercheries littéraires dévoilées*, Paris, Daffis, 1869-1870, 3 vol; II.

Sayce, Richard A.,
'Compositorial Practices and the Localization of Printed Books, 1530-1800', *The Library*, 5e série, t.XXI (1966), Londres, O.U.P.; p.1-45.

Biographie de Dufresny

Calame, Alexandre,
'Charles Dufresny et sa famille', *Revue d'histoire littéraire de la France* LXIV (1964), p.651-656.

Jal, Auguste,
Dictionnaire critique de biographie et d'histoire, seconde édition, Paris, Plon, 1872.

Valon, Abel de,
Charles Dufresny, étude biographique et littéraire, Lille, Imprimerie L. Danel, 1867.

Précisions historiques

Franklin, Alfred,
Le Café, le thé et le chocolat, in *La Vie privée d'autrefois* (première série), Paris, Plon, Nourrit et Cie, 1893.

Franklin, Alfred (éd),
  Séjour de Paris, c'est à dire, instructions fidèles pour les voiageurs de condition, par le Dr. J.C. Nemcitz, Leyde, Jean van Abcoude, 1727 (réimprimé sous le titre: *La Vie de Paris sous la Régence* in *La Vie privée d'autrefois* (seconde série), Paris, Plon, Nourrit et Cie, 1897).

Voltaire, F.-M. Arouet de,
  Le Siècle de Louis XIV, chronologie et préface par Antoine Adam, Paris, Garnier-Flammarion, 1966, 2 vol.

TABLE DES MATIERES

Remerciements V

Introduction VII

AMUSEMENS SERIEUX ET COMIQUES 1

Privilège du Roy 2

Table de l'édition originale 54

Errata de l'edition originale et leçons rejetées 67

Notes 69

Variantes 77

Bibliographie 92

ILLUSTRATIONS

Frontispice II

Pages de titre des rééditions autorisées XXVII

Pages de titre de l'édition de 1707 XXVIII